QUANDO COISAS
ESTRANHAS
COMEÇAM A ACONTECER

Dados Internacionais de Catalogação na Publicação (CIP)
(Câmara Brasileira do Livro, SP, Brasil)

Skitnevsky, Ilana
   Quando coisas estranhas começam a acontecer / Ilana Skitnevsky. –
São Paulo : Ágora, 2006.

ISBN 85-7183-011-8

1. Espiritismo 2. Mediunidade 3. Parapsicologia 4. Skitnevsky, Ilana
5. Vida espiritual 6. Visões I. Título.

05-8828   CDD-130

Índice para catálogo sistemático:

1. Fenômenos paranormais : Relatos 130

Compre em lugar de fotocopiar.
Cada real que você dá por um livro recompensa seus autores
e os convida a produzir mais sobre o tema;
incentiva seus editores a encomendar, traduzir e publicar
outras obras sobre o assunto;
e paga aos livreiros por estocar e levar até você livros
para a sua informação e o seu entretenimento.
Cada real que você dá pela fotocópia não-autorizada de um livro
financia o crime
e ajuda a matar a produção intelectual de seu país.

ILANA SKITNEVSKY

QUANDO COISAS
ESTRANHAS
COMEÇAM A ACONTECER

EDITORA
ÁGORA

QUANDO COISAS ESTRANHAS COMEÇAM A ACONTECER
Copyright © 2006 by Ilana Skitnevsky
Direitos desta edição reservados por Summus Editorial

Assistência editorial: **Soraia Bini Cury**
Assistência de produção: **Claudia Agnelli**
Capa: **Daniel Rampazzo / Casa de Idéias**
Projeto gráfico e diagramação: **Daniel Rampazzo / Casa de Idéias**
Foto da capa: **Christiana Carvalho**
Fotolitos: **Casa de Tipos**

Editora Ágora
Departamento editorial:
Rua Itapicuru, 613 – 7º andar
05006-000 – São Paulo – SP
Fone: (11) 3872-3322
Fax: (11) 3872-7476
http://www.editoraagora.com.br
e-mail: agora@editoraagora.com.br

Atendimento ao consumidor:
Summus Editorial
Fone: (11) 3865-9890

Vendas por atacado:
Fone: (11) 3873-8638
Fax: (11) 3873-7085
e-mail: vendas@summus.com.br

Impresso no Brasil

Agradeço

*ao meu marido, Moisés, que participou da minha
caminhada espiritual, compreendendo-a e apoiando-a;
aos meus filhos, Maiana e Daniel;
aos queridos amigos espirituais e companheiros
que me estenderam a mão.*

Deixei de mencionar ou substituí o nome de algumas pessoas, a fim de lhes preservar a privacidade.

Sumário

Prefácio 9

Introdução 13

Como tudo começou.......................................15

Parapsicologia ou psicologia? 23

Outros fenômenos 31

Novas buscas de respostas................................45

No centro espírita 51

Meus grandes amigos.....................................55

O Plano Médico do Oriente 65

Gentleman: um espírito cupido? 77

Vidas passadas...85

Minha mãe e eu..99

Um livro como missão....................................105

Prefácio

Uma mulher se debruça sobre sua vida e fala da sua história. História banal? Ah, sim. Como relato de eventos e descrição de viagens, os lutos e sucessos que ela descreve são parecidos com os da minha vida, com os da sua, com os de todos nós. Mas não é disso que o livro trata: o foco não está nos acontecimentos que a autora viveu ou presenciou, mas nas experiências emocionais e espirituais que a acompanham desde a infância.

Seu relato é corajoso, sua intenção é generosa. Quem conhece a natureza tímida e discreta da autora sabe de quanta coragem e disciplina ela precisou se armar para contar sua história. Só o fez movida pela generosidade, pelo desejo de estender a mão às pessoas que, por passarem por experiências semelhantes, sofrem com a aflição de se sentirem diferentes, vivem presas ao medo de serem anormais.

Diferente e anormal. Ao longo da história da humanidade, esses dois termos caminham perigosamente juntos, tomados como sinônimos. O que varia é apenas a maneira como as diferentes épocas e culturas têm lidado com as pessoas consideradas diferentes. As pitonisas da Grécia Antiga e os pajés e xamãs indígenas eram respeitados e consultados; as feiticeiras da Idade Média eram temidas, supliciadas, queimadas vivas. No começo do século XX, mulheres cujo comportamento era considerado estranho ou aberrante foram internadas em hospícios, onde algumas morreram como indigentes (muitas delas são hoje reconhecidas como grandes artistas, avançadas demais para serem compreendidas em sua época, como Camille Claudel e Zelda Fitzgerald).

Depois de um encontro perturbador com o fantasma angustiado do pai, Hamlet reconhece, em conversa com seu amigo Horácio, quão pobre é a nossa filosofia para explicar os muitos mistérios que pairam entre o céu e a terra. Nossa ciência também, poderíamos acrescentar hoje, mais de cinco séculos depois que a genialidade de Shakespeare nos revelou os meandros das emoções humanas. Nem por isso nossos contemporâneos encaram com mais naturalidade os fenômenos que não conseguem explicar.

O que torna o texto de Ilana interessante – e perturbador – não está só no que ela relata, mas sobretudo na simplicidade com que o faz. Em suas palavras, o mistério vem despojado de toda pompa, de toda solenidade. Seus personagens não são figuras místicas, não são anunciados pelo soar de trombetas nem aparecem embrulhados em nuvens de fogo. Lisa, Gentleman, Alter-it (a psicanalista não pôde deixar de indagar se essa figura não seria uma representação de *alter id*, em contraponto ao *alter ego*...) são figuras humanas, quase banais, que poderíamos encontrar em nosso cotidiano, transmutados em manicure ou feirante. Essa maneira inconspícua de tratar o mistério revela a proximidade, a intimidade que a autora desenvolveu com essa dimensão da sua existência, incorporando-a a seu cotidiano, parte do trivial variado do varejo da vida de qualquer mulher. Talvez por isso nos comova tanto.

Quem não passou pela experiência de se ver assustado em seu leito de angústias, diante da perspectiva de uma longa noite povoada de fantasmas, na hora da madrugada em que os lobos uivam em nossa fantasia? A autora nos brinda com a desmistificação desses personagens, nos oferece a possibilidade de vê-los como aliados e não como inimigos.

Quantas vezes, no meu trabalho de consultório, não me vejo como uma médium consciente, ao colocar minha emoção a serviço dos movimentos afetivos do meu paciente, para ajudá-lo a traduzir e dar significado aos fantasmas que povoam seu mundo interno? E quanto esforço sou obrigada a empenhar, em cada sessão, para diferenciar o que é dele do que é meu, para impedir que meus sentimentos se confundam com os dele, para evitar que minha angústia amplie a dele? Minha tarefa consiste em ajudá-lo a elucidar as mensagens enviadas por seu inconsciente, guardião atento de sua saúde mental. Por isso, não pude evitar sentir inveja diante da atuação do Gentleman/Cupido, cuja competência como terapeuta de casais pauta-se num nível de sabedoria e poder que nenhum psicanalista jamais poderia almejar.

Não tive contato direto com as experiências narradas neste livro, mas meu trabalho de psicoterapeuta me revela, a cada dia, que não somos, os humanos, seres homogêneos nem singulares: somos plurais, constituídos e habitados por personagens diversos, até antagônicos. Talvez a receita para uma vida plena consista no desenvolvimento da capacidade de ser, ao mesmo tempo, si mesmo e inúmeros outros, de viver a própria vida sem deixar de viver tantas outras.

Não faz muita diferença se esses personagens e enredos coexistem dentro de nosso mundo interno ou se são remetidos a diferentes épocas. Afinal, o inconsciente é atemporal.

Lidia R. Aratangy
Psicóloga e escritora

Introdução

Não é fácil a minha tarefa, não é fácil me expor e trazer a público experiências vividas no mais íntimo de minha alma. Mas é o que eu vou fazer aqui, contando caminhos que percorri, defrontando-me com o inexplicável, com a incompreensão e com a perplexidade.

É o relato de minha vida espiritual. Vou contá-la na seqüência em que me vem à memória, em lampejos, desconectada, mas sempre, sempre, a verdade da minha trajetória.

Este é o cumprimento de uma missão que me foi confiada, e que sinto como um gesto de solidariedade humana. Solidariedade com os que se defrontam com os mesmos fenômenos que vivi, e que podem estar perdidos, ansiosos, assustados e desamparados – ou mal amparados.

Que a minha história, nas minhas incertezas e no meu sofrimento, mostre, desde o princípio, um trajeto que pode nos levar a alegrias, à paz interior, e, principalmente, ao verdadeiro sentido da vida. Para mim, foi isso.

Como tudo começou

Nasci em uma família judia. Meus pais não eram muito religiosos; raramente freqüentávamos a sinagoga, mas respeitávamos e cultivávamos as mais arraigadas tradições judaicas. Nenhum tipo de misticismo ou de espiritualidade mais profunda, porém, existia no ambiente em que cresci, ao menos que pudesse propiciar ou explicar os estranhos acontecimentos que marcaram a minha vida.

A mais remota lembrança que tenho, como um indício dos fenômenos que se desencadeariam, é a de um pesadelo recorrente, ao qual se seguia uma visão, e que me atormentou durante muitos anos na infância. Começou quando eu deveria ter menos de 5 anos e se estendeu até meus 13 anos. No início, eu o tinha com muita freqüência; com o tempo, foi se espaçando.

Nesse pesadelo, eu me via criança, uma menina de uns 10 anos, de cabelo castanho e olhos azuis. Estava em uma estação de trens, entre muitas outras crianças que estavam sendo colocadas em fila por soldados alemães, que iam fazê-las embarcar em um trem. O ambiente era assustador: choros, gritos, tumulto. O dia estava feio, cinzento, chovia. Eu sentia meu coração muito apertado porque eles haviam separado as crianças das mães. Desesperada, queria fugir dali, mas sabia bem no íntimo que, se tentasse, algo muito ruim poderia me acontecer.

Mesmo assim, quando eles me mandaram entrar no trem, eu saí correndo. Eles gritaram, tentando me deter. Falavam em alemão, e eu os entendia, embora não conhecesse a língua. Continuei fugindo, desci degraus, corria, corria. Ouvi um dos soldados gritando: "Pare, pare! Se você não parar eu atiro". Não parei, e ele atirou. Lembro que senti o tiro; não era bem uma dor, era um calor. Caí no chão, na terra molhada, barrenta. A chuva caía sobre meu rosto, caía entre meus olhos, e eu já tinha morrido. Ele me matara.

Eu despertava, então, com a dor da morte, com o peito ardendo em chamas. Nesse instante, ainda semiconsciente, tinha uma visão: o soldado que me matara, um jovem de 18 ou 19 anos, me pedia perdão. E eu, já bem acordada, criança, tão pequena ainda, lhe dizia: "Eu não te perdôo".

Hoje, tantos anos depois, quando penso nele, sinto que sua alma precisava desse perdão. Imagino que ele tenha morrido na guerra, e que talvez tenha se sentido muito culpado por ter matado uma criança, pois não me parecia um rapaz ruim. Acho que agira cumprindo ordens.

O que me impressiona é que eu, tão criança, me negasse a perdoá-lo. Quando penso nisso, ainda me emociono. É uma coisa que dói.

Depois do pesadelo, eu ficava tão assustada que ia para a cama dos meus pais. Deitava com eles e dizia: "Mãe, sonhei que atiraram em mim, eu caí no chão, eu morri".

Aconteceu muitas vezes, mas eles nunca associaram isso a vidas passadas ou a fenômenos espirituais, pois não tinham conhecimento dessas coisas. O que minha mãe achava, e sempre dizia, era que eu tinha uma grande capacidade de imaginar: "A Ilana tem uma imaginação fértil, ela sempre vê e escuta coisas". Nessa época, além desse sonho, eu tinha visões e ouvia vozes.

Não me recordo de detalhes, mas lembro de que nas minhas brincadeiras às vezes ocorriam coisas estranhas, e isso era parte integrante da minha vida.

Dizem que muitas crianças brincam com amigos invisíveis: os meus eram bem visíveis, como um negrinho pequenino que de vez em quando me aparecia.

Um episódio me marcou muito, porque cheguei a apanhar da minha mãe. Aconteceu na época em que eu mais tinha visões, quando estava com 5 anos. Brincando na rua com as crianças da vizinhança, queixei-me de que uma delas havia dito ou feito alguma coisa de que eu não gostara. Dizem que fiquei muito brava, briguei, e ninguém tinha feito nada. Eu devia ter visto algum espírito brincalhão que tomara parte na brincadeira e que fora tão real para mim que não o distingui das outras crianças.

Quando contei o caso para minha mãe, levei umas palmadas, pois ela achou que eu estava mentindo. Disse o que vi e apanhei; aí fiquei assustadíssima. "Será que imaginei tudo?" Achei que não estava regulando bem.

Além das crianças com quem brincava nessa época, eu tinha uma amiga muito especial, a mãe de uma delas. Era uma mulher muito sofrida, com filhos levadíssimos, e que ainda apanhava do marido. Era pálida, miúda, magrinha, sofria do coração, falava baixinho, a voz mal saía. Ela me parecia mesmo um anjo. Sempre me recebia com muita alegria, me compreendia, me adorava, fazia-me todas as vontades. Afeiçoei-me muito a ela.

Católica, muito religiosa, quando ia à igreja às vezes me levava junto. Pequena ainda, sentia-me feliz lá dentro. Ficava encantada. Achava os santos lindos, gostava deles e acreditava que eles também gostavam de mim. Muitos anos mais tarde, essa minha familiaridade com a igreja me fez entender certos fatos que ocorreram na minha caminhada espiritual.

Fui crescendo, as visões me acompanhando. Eu via, de vez em quando no meu quarto, um velho senhor judeu religioso, com uma roupa preta, como as que são usadas pelos ortodoxos. Ficava sempre em um cantinho do quarto, de costas para mim, com um livro nas mãos, rezando diante da parede, como se estivesse diante do Muro das Lamentações. Nunca falava comigo, eu só o via assim, muito nítido.

Nunca tive medo porque pensava que ele era Deus, pois geralmente aparecia quando eu tinha algum problema e ia rezar. E eu fazia essa associação porque achava que, quando a gente rezava, chamava Deus lá do céu e Ele vinha – era assim que eu entendia. Jamais alguém me ensinara orações; eu sempre rezava com palavras minhas, em uma conversa direta com Deus.

Muitos anos depois, soube quem era esse senhor judeu, e entendi a grande ligação que havíamos tido em uma vida passada.

Eu convivia com essas coisas estranhas sem que elas interferissem diretamente em meu cotidiano. Levava a vida normal de uma criança saudável. Eu não era uma garota diferente, infeliz. Ao contrário: era uma menina alegre, brincalhona, tinha muitas amigas. Uma menina feliz, mas meio no mundo da lua, é verdade. Na escola, não era das mais estudiosas; gostava mesmo era de desenhar, de pintar, e, muito criativa, chegava até a compor algumas canções engraçadas que divertiam minhas colegas.

Nunca comentei com elas minhas visões, já que, para mim, era tudo muito natural, fazia parte do meu mundo, e eu pensava que fazia parte da vida dos outros também.

Quanto aos meus irmãos, eles achavam que eu, a caçulinha, além de ser sonâmbula, possuía uma imaginação enorme, inventava histórias incríveis. Minhas primas se lembram de algumas dessas histórias, e uma delas me disse que, depois de adulta, precisou fazer terapia para dormir por minha culpa. Isso porque, quando éramos crianças, eu lhe contava que via figuras esquisitas, e que, quando passava à noite pelo cemitério, via uma luz fosforescente sobre alguns túmulos. Acredito que via mesmo: meu erro era contar para elas. Como eu tinha platéia, aproveitava e floreava muito para assustá-las. Minhas primas eram minhas vítimas, porque em família eu me permitia contar essas coisas, e como elas tinham medo eu me sentia poderosa.

Como sonâmbula, vivi uma situação bem constrangedora quando, com 11 anos, participei de um acampamento.

Era tradição, na noite de despedida, os meninos entrarem no quarto das meninas e as sujarem com pasta de dente. Eu estava com muito medo disso. No último dia, a única que acordou pintada fui eu. Por que eles teriam escolhido só a mim, e sem acordar ninguém? Eu não me lembrava de nada. Saímos todas perguntando, e os meninos morriam de rir. Disseram que eu era sonâmbula, que à noite aparecera no pátio onde eles estavam conversando, junto a uma fogueira, e que comecei a gritar: "Quem vem me pintar? Quem vem me pintar?" Então eles me pintaram e eu voltei para minha cama. Não me lembrava de nada. Fiquei muito envergonhada.

Lembro-me também de que fazíamos brincadeiras em volta da fogueira. Eu adorava fingir que estava recebendo um espírito, cantava como se fosse um preto velho, entrava em transe e girava, girava, girava, como uma pomba-gira, até cair. Todos morriam de rir. Eu não saía imediatamente do transe, sentia a presença de uma força maior do que a minha.

Uma vez, depois de ter falado das visões para os meus pais, escondida, eu ouvi minha mãe comentar que ela não sabia o que devia fazer comigo, que eu vivia no mundo da lua, criando e inventando coisas, e completou: "Acho que vamos ter de procurar um psiquiatra, temos de buscar algum tratamento para a Ilana". Fiquei muito chocada, assustadíssima ao ouvir falar em psiquiatra. Pensei: "Meu Deus, eu sou louca". A partir desse dia, nunca mais ouvi vozes, nunca mais tive visões. Não sei como, consegui bloquear tudo. Eu tinha uns 12 anos.

Passei a viver, então, longe desses fenômenos, mas não distante de sofrimento, pois os cinco anos seguintes foram marcados pela grande amargura de conviver com a doença terrível de minha mãe. Ela teve câncer no intestino, que depois se generalizou, em metástases.

Foi uma longa luta, durante a qual ela foi para nós o maior exemplo de coragem, fortaleza e determinação. Quando soube que estava doente, resolveu realizar o sonho que sempre tivera: prestou vestibular e ingressou na Universidade de São Paulo, onde cursou Geografia, e na PUC, onde fez Pedagogia. Morreu pouco antes de se formar.

Ela sempre nos preparou, desde pequeninos, para sermos independentes. Enquanto esteve doente, preparou-nos para a sua ausência: íamos sozinhos aos médicos e ao dentista, fazíamos as compras, íamos a bancos. Ensinou-nos a enfrentar a vida. Sempre tentou minimizar o nosso sofrimento.

Durante toda sua doença, apeguei-me às preces. Falava direto com Deus, com tanta fé, que tinha a certeza de que Ele estava me ouvindo e que deixaria minha mãe viver.

Na semana do luto, o rabino esteve em casa para rezar conosco. No momento em que se referiu a Deus, à Sua sabedoria e bondade, eu externei toda minha revolta. Comecei a gritar, em prantos, que, se Deus existisse e fosse bondoso, não teria deixado que uma pessoa tão boa como minha mãe sofresse durante cinco anos da forma que sofrera, e que morresse daquele modo. A morte de minha mãe foi, para mim, uma decepção com Deus.

Quando minha mãe morreu, eu já namorava o meu marido e quis me casar logo. Um ano depois, aos 18, estava casada e cursando a faculdade de Artes Plásticas.

Ainda não estava formada quando tive minha filha, aos 21 anos; três anos depois, nasceu meu filho. Depois de formada, exerci minha profissão, tive ateliê de cerâmica, de pintura, e depois me dediquei também a outras atividades.

Nada nessa época quebrava a normalidade de minha vida. Nada com relação aos fenômenos estranhos, nada que me diferenciasse das pessoas com as quais convivia.

Parapsicologia ou psicologia?

Somente depois de dezesseis anos, quando eu já estava com 28 anos, as visões recomeçaram. Eu ficara doente: depois de um grande mal-estar, tive uma dor horrível no ventre, como se me tivessem cravado uma faca, o que provocava uma dor persistente. Tive febre alta, de quase 40 graus, uma fraqueza que me deixou prostrada na cama, completamente sem energia.

Fui medicada, mas os vários remédios e antibióticos não faziam efeito. Todos os exames pedidos deram resultado negativo. A febre cessou depois de quatro dias, mas eu continuava de cama, sem coragem de me levantar. Meu irmão me aconselhou a me esforçar para sair da cama, para que não ficasse cada vez mais fraca. Segui seu conselho.

Assim que me levantei, ao me olhar no espelho, meu rosto se transfigurou. Não era mais eu, eram outras inúmeras faces transtornadas que me apareciam. Elas se sucediam rapidamente, falavam e eu ouvia cada uma delas e também várias outras vozes ao mesmo tempo.

Era uma algaravia alucinante! Eu conseguia às vezes distinguir palavras agressivas, palavrões que não eram dirigidos a mim, mas a outras pessoas. Isso se repetiu inúmeras vezes, e voltei a ter visões e ouvir vozes. Parecia que tudo que fora bloqueado durante tantos anos explodira agora, como um vulcão em erupção.

Cheguei a pensar que tudo aquilo estava sendo ocasionado por alguma doença muito grave, que a febre tivesse afetado o meu cérebro, ou que fosse até mesmo um tumor.

Passei a ter visões dia e noite. De dia, me aparecia o velho amigo judeu, aquele que eu costumava ver na infância, só que desta vez ele não ficava apenas rezando de costas para mim, como outrora; agora ele conversava comigo. Falava em ídiche arcaico, que me era totalmente desconhecido, porém eu captava o que dizia e até dialogávamos.

Todas as noites meu sono era interrompido: à meia-noite em ponto, eu era acordada, não sei como, e via no quarto um frade capuchinho, que se virava para mim e me apontava, em um gesto de acusação. Eu gritava muito assustada e meu marido acordava sobressaltado, ficava bravo. Dessa forma, além de me atormentar, a visão estava abalando a harmonia do meu casamento.

Resolvi, então, me abrir com minha sogra, que era como uma mãe para mim. Como ela acreditava em espiritismo, achou que o que estava ocorrendo comigo eram fenômenos espíritas.

Nessa noite, dormi tranqüila. Pela primeira vez, não acordei. Porém o meu marido despertou sobressaltado à meia-noite e viu o espírito no quarto. Eu nunca tinha contado para ele que via um frade capuchinho, eu gritava e só dizia: "Eu vejo um homem no quarto. É sempre o mesmo homem!" Eu dizia que era um pesadelo, nem imaginava mesmo que fosse mais do que isso, mas ele o viu também e levou um susto tão grande que me acordou, dizendo que vira um frade olhando em nossa direção, que nossa casa tinha fantasma, que estava mal-assombrada, e que precisávamos procurar ajuda.

A primeira coisa que me ocorreu foi consultar um parapsicólogo, já que era difícil para mim acreditar em espiritismo. Eu ouvira falar muito do padre Quevedo, especializado em parapsicologia, mas não sabia como me aproximar dele. Lembrei-me, então, de uma amiga que conhecia outro padre estudioso da parapsicologia e consegui, por meio dela, marcar uma consulta.

Contei a ele toda a minha história. Nessa época, eu tinha também premonições e lhe relatei uma, na qual eu via um acidente que acontecia comigo em uma rua próxima à minha casa: era uma rua de mão dupla, e eu ia dirigindo o meu carro por ela quando, em uma esquina, entrava um Volkswagen amarelo abrindo muito a curva e se chocava comigo, em uma batida frontal muito violenta. Vi esse acidente umas cinco vezes, sempre em *flashes*, semiconsciente antes de adormecer. Via com perfeição.

Perguntei ao padre se havia alguma forma de impedir que uma previsão se concretizasse, e ele me disse que seria possível usando o poder da mente. Orientou-me a mentalizar muitas vezes a cena, com o Fusca se desviando de mim, o meu carro se desviando também, ambos evitando o choque. Foi o que fiz durante um mês.

Como tinha previsto, um dia defrontei-me com o Volkswagen amarelo. Só não batemos porque pudemos desviar, exatamente da maneira como eu havia mentalizado.

Mas o que me levara a buscar auxílio havia sido o fantasma que vimos em casa. A explicação do padre é que se tratava de uma projeção da minha mente, e que eu tinha uma tal força de pensamento que conseguia até fazer outra pessoa visualizar o que eu estava pensando. Disse que a força do pensamento é tão grande que pode até materializar uma imagem. Achei tudo muito convincente, pois o que eu queria era mesmo acreditar.

Quis saber também como é que eu conseguia entender o que o velho judeu me dizia, pois ele só me falava em ídiche arcaico, idioma que eu desconhecia. Aí ele me perguntou: "Seus pais são judeus, não são? Eles conversavam em que língua?" Eu lhe disse que, às vezes, quando meus pais não queriam que as crianças entendessem, eles conversavam em ídiche, mas não era o ídiche arcaico.

Ele explicou que o feto na barriga da mãe ouve os sons, tem memória, vai guardando tudo, e que, de repente, por alguma razão, essas memórias podem aflorar. Isso teria me permitido entender o ídiche do judeu, mesmo sendo arcaico.

O padre me disse também que as visões e as vozes não eram de espíritos: era eu que funcionava como um rádio que capta ondas sonoras – e que o que eu ouvia eram as ondas sonoras das falas das pessoas, que permaneceram no espaço após elas terem morrido, e que essas ondas poderiam ser também de falas de pessoas vivas. Eu captava qualquer vibração, de vozes e até de imagens. As dos mortos, disse ele, podiam ainda ser captadas porque permanecem no tempo, já que são energia e energia não se destrói. Pode-se, assim, sintonizar vozes e imagens até de séculos atrás, dependendo do nível da receptividade mental.

Quando ele me explicou isso, achei que tudo tinha pleno sentido. Eu estava muito ansiosa para resolver o meu problema, com muita fé, com muita esperança. O que ele dizia fazia todo sentido, porque eu era incapaz de admitir que o espírito vive além da morte. Tudo para mim tinha de ter uma razão científica, e ele estava me dando essas razões.

Saí de lá muito feliz, sorrindo, fui para casa, entrei no meu quarto e pensei: "Graças a Deus eu não tenho problema nenhum, não sou louca, tudo isso que vejo pode ser explicado: eu capto essas ondas, sou uma sensitiva, preciso aprender a usar e dominar essa minha sensibilidade. Não vou ter mais problemas, não quero mais ter visões, vou bloquear, eu sou dona de mim, resolvo meu problema".

Nesse momento, vejo o velho judeu olhando e rindo para mim, com aquele sorrisinho, os olhinhos brilhantes. Começa a falar comigo em ídiche arcaico. Eu olho para ele e, com a maior displicência, lhe digo: "Olha, você não existe! Você é a projeção da minha mente, você deve ter existido em alguma época do passado e eu capto isso, então não adianta você vir mais, vou mudar minha vibração, meu canal, e não adianta a gente ficar perdendo tempo, pois tenho de tocar a minha vida". Na verdade, eu dissera isso com uma pontinha de receio de que ele de fato se afastasse, porque eu adorava quando ele vinha.

Quieto, ele ouviu todo o meu desabafo, e então, sorrindo, me disse: "Se eu não existo agora, como é que eu respondo as suas perguntas?" Pensei: "É mesmo. Como ondas do passado poderiam dialogar comigo?"

Foi um soco no estômago. Levei um choque: minha alegria durara tão pouco, só da igreja até a minha casa! Percebi que se o que eu captava não era ele, era apenas a sua energia que permanecera, ele não poderia responder as minhas perguntas, conversar comigo. E ele me dava conselhos, se metia em minha vida, queria que eu desse uma educação judaica para meus filhos, e eu era contra. Ele dizia que eu havia sido criada como judia, que devia assumir, e que eu fugia disso. Na realidade, eu sentia algo de católica dentro de mim e não entendia o porquê. Isso fazia sentir-me culpada. Conversávamos muito, sobre tantas coisas mais.

Como as explicações da parapsicologia me decepcionaram, resolvi procurar um psiquiatra.

Quando lhe falei sobre minha sensibilidade, que desde criança tinha visões e ouvia vozes, que tinha premonições e que elas haviam se concretizado, acho que ele ficou entusiasmado com um caso que estava fora dos padrões. Disseme, então, que eu devia voltar três vezes por semana para sessões de tratamento: ficar falando ali, deitada naquele divã. Não voltei mais, achei que ele tinha me considerado muito louca e, no íntimo, eu sabia que não era.

Depois disso, nunca mais fui a um psiquiatra, pois achei que toda vez que contasse as minhas histórias, diriam que eu estava louca. E me perguntava: "Se sou louca, tantos outros que, como eu, vivenciam essas coisas, são todos loucos também?"

Sei que existem pessoas, milhares de pessoas, que passam pelas mesmas experiências. Mesmo em casa, meu marido viu também o mesmo frade que eu via no meu quarto. A minha filha, que só tinha na época uns 4 ou 5 anos, viu o judeu ortodoxo mexendo em um relógio antigo que havia em casa e o descreveu muito bem, sem que nunca tivesse ouvido falar dele. Ela me perguntou: "Mãe, por que aquele velho com a roupa preta, com aquele negócio esquisito no cabelo, fica mexendo no relógio? Ele é seu parente?" Ela, tão pequena e tão pura, não inventaria. Estava apenas contando o que realmente via; portanto, eu não era a única. Parecia que minha casa estava mesmo tomada por espíritos, porque minha filha ainda via muitos outros. Uma vez, ela me disse que estava no banheiro e que entrou um homem com um balde, olhou para ela, os dois se assustaram, e ele desapareceu. "Quem é aquele faxineiro que entrou?", ela me perguntou.

Outros fenômenos

Começaram a ocorrer comigo também fenômenos de efeitos físicos que aconteciam quando eu ficava aborrecida, irritada: olhava para alguma coisa de vidro e ela se quebrava. Eu sentia que tinha sido por uma força que partira da minha mente. Era preciso que eu estivesse especialmente tensa, com vontade de chorar e ter de me conter na presença de desconhecidos, ou quando tinha de fingir, me controlar, para que essa força extravasasse pela minha mente. Era a forma de eu descarregar.

Foi isso que aconteceu em uma viagem que fiz aos Estados Unidos, quando fui muito ofendida na frente de outra pessoa. Senti raiva e humilhação. A minha indignação aumentava à medida que as ofensas se repetiam, e eu fiquei a ponto de estourar.

Nesse momento, entramos em uma loja que vendia conchas. As prateleiras eram todas de vidro grosso, tipo blindex, prateleiras grandes, cheias de conchas. Quando a porta abriu, senti um raio saindo da minha cabeça, olhei para os vidros das prateleiras e eles quebraram, caíram de cima a baixo, aqueles vidros enormes, grossos, tudo pelo chão, espalhando-se pela loja inteira. Foi horrível! As pessoas que estavam lá me olharam com uma cara esquisita, como se estivesse patente que era eu a culpada. A verdade é que naquele momento eu sentira a força sair da minha mente, e a raiva que eu tinha passou imediatamente.

Tive várias outras vezes a mesma experiência de quebrar vidros: eu estava em Ubatuba e uma queda de energia elétrica nos deixou sem luz. Havia pires com vela em todos os quartos. Não me lembro do que aconteceu, mas eu fiquei com muita raiva e todos os copos de uma prateleira e os pires que estavam com vela se quebraram. Dava para ver que tinha sido eu.

Eu não quebrava só vidros. Em férias, em um acampamento, alguém começou a me aborrecer, me irritando muito. Estávamos com outras pessoas e eu não queria deixar transparecer a minha irritação, não queria chorar, mas estava com muita raiva contida. A pessoa foi insistindo e ultrapassou o meu limite; desejei então que a perna dela quebrasse e com isso parasse de me aborrecer. Logo depois, como por encanto, ela quebrou a perna. Seria coincidência?

Assustei-me porque parecia que eu tinha um poder muito perigoso. Fiquei com medo da força daquela energia contida.

Também ocorriam comigo outros tipos de fenômenos físicos. Lembro-me particularmente de um que me impressionou muito. Eu estava no cabeleireiro e, quando fui ao toalete, ao olhar para o espelho levei um grande susto: vi refletido nele a imagem de um homem. Ele se apresentou, me disse seu nome, era o de uma pessoa famosa que morrera de AIDS, e a notícia de sua morte tinha sido divulgada em todos os jornais e canais de televisão. Pediu-me que dissesse ao meu cabeleireiro que ele lhe mandara dizer que "até no pântano existem flores".

Recebi essa mensagem e, embora tivesse ficado muito impressionada, não tive coragem de contar ao cabeleireiro. Fui embora sem dizer nada, e aquilo ficou me perturbando por um mês, até mais. Ficava ouvindo ele repetir a frase na minha cabeça. Escutava, escutava, escutava, até que um dia, quando eu estava passando pela região, sem perceber desviei o meu caminho para a rua do cabeleireiro e parei em frente ao salão.

Acho que a perturbação era tão grande que devo ter pensado: "Chega, vou falar agora ou eu vou morrer". Parei o carro, desci tremendo. O cabeleireiro estava atendendo, cortava o cabelo de alguém, o salão cheio, passei por todo mundo, olhei para ele e comecei a chorar. Ao me perguntar o que tinha acontecido, eu só lhe dizia "Preciso falar com você, preciso falar com você", na frente de todo mundo, em uma cena terrível para mim. Ele saiu, afastou-se comigo e eu lhe contei que na última vez em que estive lá tinha tido aquela visão. Disse-lhe o nome de quem eu havia visto, e que ele mandara lhe dizer que "até no pântano existem flores".

Ele começou a chorar e me contou que se tratava de um grande amigo, seu melhor amigo, e que aquelas palavras lhe confortaram muitíssimo. Saí de lá ainda um tanto constrangida, mas aliviada, com a sensação do dever cumprido. Passados uns dois ou três anos, soube que o cabeleireiro morrera – de AIDS, da mesma forma que o amigo que lhe enviara aquela mensagem.

Como explicar tudo isso?

Demorei muito para chegar ao espiritismo. Embora acreditasse que o meu caso não era explicado pela parapsicologia ou pela psicologia, eu ainda lutava, ainda achava que estava maluca, cheguei a pensar que podia até ser um processo degenerativo do meu cérebro, que fossem crises psicóticas ou de personalidade.

Perguntei a uma psicóloga, pessoa da minha família, se achava que eu era psicótica e ela me disse que não: "Não, você não precisa se preocupar, não é isso, eu garanto que você não é. Um psicótico que tem alucinações não percebe que se trata de alucinações, não as distingue da própria realidade". Eu não, eu vivia a minha realidade, de repente via um fantasma e sabia que era um fantasma. Conseguia distinguir muito bem que estava tendo as visões, que eram momentâneas, sumiam e não faziam parte do meu dia-a-dia – não eram do meu mundo, do mundo com o qual estava acostumada. Então era diferente, era bem diferente, e foi isso que ela me disse. Eu não precisava me preocupar, pois não era psicótica. Mas era muito difícil aceitar tudo que acontecia, conviver com esse mundo diferente.

Comecei a ter uma outra visão no meu quarto, que aparecia e falava comigo todos os dias, no final da tarde: era a

Lisa, uma mestiça de chinês e indiano, moça muito bonita e jovem, devia ter uns 18 anos. Ela se apresentava vestida de azul, com um lindo sári indiano. Tinha os olhos puxados como chinesa, e alguns traços físicos de indiano, pele mais escura, cabelos lisos e negros, mas o todo era mais de chinesa. Chamava atenção porque era um tipo exótico.

Nessa ocasião, falaram-me de um centro espírita onde havia uma senhora vidente. Fiquei em dúvida se deveria ir, porque eu nunca tinha estado em um centro e morria de medo. Enquanto pensava sobre isso, ouvi a Lisa dizer que, se eu fosse a um lugar onde houvesse uma vidente, ela seria vista. Então pedi a meu marido que me levasse ao tal centro da vidente.

Lá, sentamos bem escondidos, no meio de uma grande platéia. Eu estava acanhada e muito assustada, não conhecíamos ninguém, não falamos com ninguém. Era um centro espírita de mesa branca – seguidores da doutrina de Allan Kardec. Os médiuns estavam sentados em torno da mesa, que se encontrava sobre um tablado.

A sessão foi aberta pela dirigente dos trabalhos, uma médium que, de repente, interrompeu o que estava dizendo e afirmou: "Antes de continuar a sessão, preciso contar o que estou vendo". Ela apontou para mim e disse que via uma moça ao meu lado, que não sabia se era chinesa ou indiana: "Ela está com uma roupa azul, muito bonita. Acho que é sua protetora, ela está aí do seu lado". Ao ouvir isso, eu e o meu marido começamos a chorar, muito comovidos, porque até então ninguém além de mim vira a Lisa.

"E eu vejo mais," disse a vidente, "vejo uma fila de chineses lhe trazendo presentes, vejo vasos enormes, vejo esculturas belíssimas. Parece que eles querem entregar para você, como uma homenagem".

Quando saímos, lembro que eu e o meu marido nos abraçamos chorando, e que eu disse a ele: "Nunca mais vou duvidar, porque agora sei que é verdade". Eu disse "nunca mais" mas, dali a um mês, eu já achava de novo que era tudo produto da minha imaginação.

Embora a vidente, naquela ocasião, tivesse me trazido um grande alívio, nunca mais voltamos ao centro, pois eu relutava ainda em aceitar o espiritismo.

Depois de uns dois meses do falecimento de uma grande amiga da família, a Lia, comecei a receber mensagens dela. Uma vez, eu me lembro, estava na praia, sentada em uma rede. Senti a presença dela e ouvi: "Laninha" – que era como ela me chamava –, "Laninha, eu vim porque preciso que você me ajude. Primeiro quero lhe dizer que estou muito bem, que estou leve, mas que eu não posso estar muito feliz sabendo que a minha mãe está sofrendo tanto. Quero que você vá até ela e lhe diga que eu estou bem e que não se preocupe comigo".

Fiquei muito contente quando a vi, mas lhe disse: "Como é que vou contar para sua mãe que eu vi você, ela vai achar que estou louca, pois sei que ela não acredita em vida após a morte. Dê alguma prova que possa fazê-la acreditar que a mensagem é sua mesmo." Ela então respondeu: "Vou dar duas provas. Diga a ela que falei da lareira que eu tanto queria na minha casa e que nunca foi construída. E depois diga que lhe falei da janela-balcão do meu quarto, que sempre me causou tanto transtorno".

Fiquei satisfeita e pensei em procurar logo a mãe dela, mas dali a pouco eu já estava desistindo porque, além de achar que a mãe dela me consideraria doida, também tive receio de machucá-la falando sobre a filha que morrera tão recentemente. Achei que eu não tinha o direito de fazer isso com ela, uma pessoa tão querida.

Eu não disse nada e aquilo começou a me perturbar de tal forma que uma semana depois liguei para a filha da Lia. Comecei dizendo que eu tinha sonhado com a mãe dela e que ela me dissera que estava bem, e que queria que eu contasse isso à sua avó. E que, como prova da autenticidade da mensagem, ela me disse que eu deveria me referir à lareira e à janela-balcão da casa dela. "Nossa, Ilana, como você pode ter sonhado isso?" Então ela me contou que realmente tiveram um problema com a janela-balcão do quarto, que tinha empenado na construção e ficara difícil de abrir, tanto que uma vez, em uma emergência, tiveram de chamar os bombeiros. Falar então sobre isso seria mesmo uma prova, pois todos conheciam o fato – menos eu, é lógico. Quanto à outra prova, sobre a lareira, ela me disse que, quando estavam para construir sua casa, a Lia dissera ao marido que fazia questão de ter uma lareira, um antigo sonho seu. Ele concordou, porém acabou não a incluindo no projeto. A lareira ficou só na vontade dela e virou uma piada na casa: "Aqui no lugar da lareira", "Ponha isso na minha lareira".

Quando vi que era mesmo verdade – a prova fora para mim também –, resolvi contar que não tinha sido sonho, que eu costumava ouvir, ter visões, e que, na realidade, recebera essa mensagem da Lia. Ela me pediu, então, que contasse para sua avó.

E foi o que fiz: ela se comoveu muito ao ouvir a mensagem e me disse: "Olha, Ilana, eu não acredito que espírito viva, mas o que você me falou é verdade, você me trouxe alguma alegria".

Soube que depois ela contou à outra filha, a irmã querida da Lia, que era atriz e que estava, na ocasião, estreando uma peça em São Paulo. Fui ao teatro vê-la. Depois do espetáculo fui cumprimentá-la no camarim e ela me surpreendeu ao perguntar-me: "Ilana, você está com algum problema?" Eu disse que não, que não estava com problema algum. "Sei que você está tendo visões, está escutando coisas, mamãe me falou da mensagem que você recebeu de minha irmã". Respondi: "É verdade, sim, estão acontecendo mesmo coisas muito estranhas comigo. Às vezes acho até que estou pirando". Ela me perguntou se eu já tinha buscado ajuda e eu disse que sempre que procurara tinha ficado desconfiada, que nunca tinha gostado e que me sentia desnorteada. "Estou completamente perdida." Ela me prometeu encontrar alguém que pudesse me ajudar.

Uns dois meses depois disso, toda aquela turbulência recomeçou e se intensificou. Passei a ter visões e a ouvir muito mais, e até as visões no espelho voltaram, com as mesmas palavras ásperas e agressivas. Eu apenas ouvia tudo, perplexa e chocada.

Vi, uma vez, um negro no canto do meu quarto. Olhou-me com um sorriso tão sarcástico, um olhar tão penetrante, que me arrepiou até a alma. Dei um grito, assustadíssima. Ele usava um terno metade branco, metade preto, com um cravo vermelho na lapela. Depois eu soube que existe uma entidade, não sei se na umbanda, que se apresenta assim. Disseram-me o nome dele, mas meu medo era tanto que até esqueci.

A maior parte das vezes eu via coisas que me impressionavam, mas tive também algumas visões muito lindas. Um dia vi uma luz imensa brilhando no teto do meu quarto, parecia uma santa flutuando.

Outra vez, fui despertada durante a noite e, em semiconsciência, vi crianças no meu colo. Eu brincava com elas, fazendo-as pular. Meu marido, que acordou com o ruído da brincadeira, viu que eu estava fazendo gestos de erguer e baixar alguém que pulava. As crianças eram angelicais e me trouxeram uma imensa alegria. Lembro que acordei radiante, como se houvesse estado no paraíso.

Inúmeras vezes tive um mesmo pesadelo horrível, no qual eu via uma mulher que parecia uma mendiga, em farrapos, que me enfiava panos pela garganta, e eu acordava sufocando.

Foi uma época terrível, eram muitas as visões e os pesadelos. Isso me atordoava, complicava minha vida até nas mais corriqueiras situações. Uma vez cheguei a ficar estática diante de uma escada, sem saber como fazer para descer.

Quando eu estava no auge do meu desespero, sentei na minha cama, deitei a cabeça no travesseiro, quase chorando, e pensei: "Meu Deus, eu não vou ficar mais um dia assim, eu vou procurar um lugar para me tratar".

Nesse momento, tocou o telefone ao meu lado. Era uma senhora que me disse: "Você não me conhece. Eu me chamo Zita". Contou-me que trabalhava na TV e que uma atriz, amiga minha, enquanto se preparava para uma entrevista, conversando com ela, falara sobre o que estava acontecendo comigo: "Contou-me que você está se sentindo meio perdida, precisando de alguém que possa te ajudar. Ela achou que eu poderia fazer isso, então estou à sua disposição. Você gostaria de conversar comigo?"

Eu perguntei: "Onde você mora?" Ela morava muito perto de minha casa. "Quando posso ir aí?", perguntei. "Quando você quiser." Não perdi tempo. "Pode ser agora?" Ela respondeu: "Pode, sim, venha". Peguei minha bolsa e fui imediatamente.

Quando cheguei à casa da Zita e a conheci, simpatizei logo com ela. Conversando, achei-a muito culta e fiquei encantada com o trabalho que ela fazia na TV.

Depois começamos a falar sobre os fenômenos espirituais. Ela me disse que era espírita e que começara a se interessar pelo assunto por causa de sua mãe. Disse-me que sua mãe não ouvia vozes, nem tinha visões como eu, e não tinha consciência do que lhe acontecia.

Quando ela tinha uns 40 anos, de repente começou a dar comunicações até com vozes e atitudes muito diversas, e em momentos totalmente inesperados. Ela interrompia o que estava fazendo e, após dar as comunicações, retomava o trabalho no mesmo ponto em que parara, sem perceber absolutamente nada do que ocorrera com ela.

Ninguém tinha coragem de lhe contar nada, com receio de que se assustasse. Consultaram médicos e psiquiatras, que nada resolveram.

Em uma ocasião, ela ficou muitos dias de cama, quase um mês, largada, dormindo, inerte. Acordava muito raramente, e aí bebia água e comia, mas de forma exagerada, e com uma fisionomia muito diferente. De repente, também se sentava na cama e falava com voz forte e estranha, sem se dirigir a ninguém, e às vezes até em língua estrangeira, voltando a dormir em seguida. Nada a tirava desse estado, e os médicos não deram nenhuma explicação.

Zita me disse que só então seu pai, ao comentar o caso com um colega de trabalho, ouviu uma explicação espírita. Ele lhe disse que, na realidade, sua mulher estava em transe mediúnico, e, como uma porta aberta, à mercê desses espíritos que a tomavam, sem nenhum controle.

Seu pai, relutante, acabou aceitando marcar um encontro em sua casa com três médiuns, levados pelo seu colega. Zita disse que, depois de uma longa prece que eles fizeram aos pés da cama de sua mãe, ela se levantou: pôs os chinelos e saiu como se nada tivesse acontecido.

Zita tomou para si, então, a tarefa de se aprofundar, buscar maiores esclarecimentos, já que psiquiatras e parapsicólogos que procurara não lhe convenceram, pois suas explicações não abrangiam tudo de extraordinário que acontecia com sua mãe.

Depois de ler livros e demais publicações importantes sobre os fenômenos espíritas, procurou Herculano Pires, professor da Universidade de São Paulo, filósofo e escritor, que, estudioso profundo do espiritismo, lhe deu toda orientação e tranqüilidade para poder ajudar a sua mãe, contar-lhe sobre a sua mediunidade e levá-la a desenvolvê-la e controlá-la.

Durante quase quarenta anos, sua mãe prosseguiu dando comunicações e ajudando muitíssimo as pessoas que a procuravam. Nunca freqüentou centros espíritas: ela recebia pessoas, poucas, em sua casa, individualmente, ou ia às suas casas, quando necessário.

Uma vez foi chamada a um hospital por um doente que teria a perna amputada, por ter sido baleada. Diante de uma equipe médica que o atendia, ela, em transe, descreveu em termos médicos a trajetória da bala, e demonstrou por que não seria necessário fazer a amputação. Convenceu. A perna não foi amputada. Depois que sua mãe já falecera é que Zita soube do episódio, pela própria pessoa que se beneficiara, e que lhe disse: "Sua mãe salvou a minha perna".

Com mais de 80 anos, a mãe de Zita ainda dava comunicação de uma entidade, um médico indiano, que ela recebia há mais de quarenta anos e que, durante todo o tempo da comunicação, que durava às vezes mais de uma hora, ela permanecia de pé, curvada, com as mãos quase tocando o chão, sem demonstrar o menor cansaço – e o que mais impressionava, sem que seu rosto sequer mudasse de cor devido à posição da cabeça.

Nessa altura eu já estava mais tranqüila. Zita descrevia tudo isso de uma forma que inspirava credibilidade, objetiva, sem qualquer resquício de fanatismo. E o que mais me acalmara é que nenhuma vez sua mãe fora considerada louca pelos psiquiatras. Outros médicos que a viram em transe disseram que ela se encontrava em sono profundo, em sono cataléptico, sem demais explicações.

E o que me impressionou foi o fato de que todas essas explicações estavam sendo dadas por ela, que eu considerava tão culta. Isso era importante para mim porque até então eu achava que o espiritismo era uma religião de pessoas ignorantes, fanáticas, sem o menor senso crítico.

O que Zita me fez entender também é que ela não via o espiritismo como uma religião, e que encarava esses fenômenos com que nos defrontamos com respeito, sem preconceito, mas sem abrir mão do direito da dúvida para garantir a sua capacidade de discernimento.

Ela não me dissera que também desenvolvera sua mediunidade e, de repente, disse que alguém queria se comunicar comigo.

Primeiro recebeu uma entidade, acho que seu guia ou mentor. Em seguida, parou de falar e, ainda em transe, olhou fixamente para mim.

Nesse momento, eu vi nela a minha mãe que havia falecido há quinze anos. Ela não falou comigo, só me olhou. Eu pude sentir, assim como percebi na minha mãe também, toda a emoção da saudade e do reencontro.

Aí tive a certeza de que encontrara o que eu estava procurando.

Saí da casa da Zita com a recomendação de que lesse, procurasse me instruir mais sobre o assunto, que encarasse com tranqüilidade o que estava acontecendo comigo, e que voltasse todas as vezes que quisesse.

Encontramo-nos depois várias vezes, por quase dois anos. Ela vinha com o marido à nossa casa, uma vez por semana, para estudarmos e nos aprofundarmos espiritualmente. Zita se concentrava e recebia os espíritos com os quais dialogávamos e com os quais tirávamos nossas dúvidas. Conversávamos com eles por cerca de duas horas. Meu marido gravava todos esses encontros, pois considerávamos muito importantes e profundas as comunicações que recebíamos. Depois disso, eu e meu marido passamos a freqüentar um centro espírita.

Mas o interessante é que, de alguma forma, eu e a Zita estamos ligadas, pois, após um longo período, quase vinte anos, no qual tivemos apenas poucos contatos esporádicos, foi reservado para nós um reencontro outra vez importante para a minha vida espiritual.

Novas buscas de respostas

O incrível é que quando passei a pensar nas minhas visões como sendo de espíritos reais, comecei a ter receio delas. Percebi que existia um outro universo que eu não conhecia e que achava perigoso, porque a maior parte do que eu via eram coisas ruins, e os meus sonhos eram horríveis pesadelos que me faziam acordar gritando muitas vezes.

Eu só não tinha medo da Lisa e do judeu ortodoxo. Não sei por que, não os sentia como fazendo parte daquele "mundo dos espíritos". Não cogitava explicações, recebia-os naturalmente, conversava com eles – eram meus amigos, pura e simplesmente.

Nas minhas buscas, procurei abrir-me a tudo. Passei a comentar com outras pessoas e vi que muitas tinham histórias semelhantes para contar, e ainda assim tudo me dava medo.

Por indicação de alguém, fui procurar um senhor que tinha um centro espírita no Alto da Lapa, em São Paulo. Assim que me viu, ele disse: "Sabe que você vai ser uma grande médium? Pena que você não vá trabalhar comigo". Não levei a sério, ainda não acreditava muito, estava apenas começando a acreditar.

O homem contou-me que durante a sua vida inteira via espíritos, e que achava isso uma maravilha, pois eles eram seus verdadeiros amigos e protetores. Sentia-se, assim, um ser privilegiado e especial por ter esses amigos ao seu lado. Pensei, então: "E por que eu não me sinto também como ele, feliz e especial?"

Depois disso, várias pessoas, em um curto espaço de tempo, me falaram do médium Pai Tomé, que ajudava muito as pessoas. Essa coincidência me fez acreditar que eu devia procurá-lo. Tive de enfrentar uma longa fila para consultá-lo, pois ele era muito popular.

Falando-lhe do meu caso, me referi a um fato que jamais revelara a ninguém, e que tinha me assustado muito: conteilhe que em uma viagem que fizemos ao Grand Canyon, nos Estados Unidos, uma noite fui tomada por um espírito terrível. Seu rosto estava contorcido pelo ódio, as unhas eram negras e enormes, e ele tinha uma força descomunal. Atirou-me longe, me fez voar na direção do meu marido e agarrar-lhe o pescoço, quase o sufocando. Não sei como consegui parar.

O que mais me amedrontou foi o fato de eu ter sido tomada por esse espírito sem poder impedi-lo de me usar, não ter tido o controle da situação, não saber como evitar que isso acontecesse. Será que os espíritos sempre poderiam me usar quando e como quisessem?

Contei-lhe também que, nessa mesma viagem, incorporei ainda outro espírito, que se apresentou brigando conosco. Ele estava bravíssimo, mas desta vez o meu marido, com o intuito de me ajudar, começou a conversar com ele, perguntou por que ele estava tão revoltado e se tínhamos feito alguma coisa para que ele nos tratasse daquela maneira. Falou muito com ele, foi conquistando a sua confiança, e ele acabou nos falando de sua vida.

Chamava-se Carlos Nazareno e tinha vivido por volta de 1920. Morava no interior de São Paulo. Era um homem pobre, simples mas trabalhador, que tinha conhecido uma moça cujo pai era um fazendeiro muito rico. Eles se apaixonaram e se casaram, contra a vontade do pai. Foram felizes até ele se engraçar com outra mulher, uma prostituta. Quando a esposa descobriu, separou-se dele, deixando-o à míngua e sem os filhos. Ficou desesperado, principalmente porque ainda amava muito a mulher e sabia que a perdera para sempre. Começou a beber, tornou-se alcoólatra e acabou morrendo na rua, como indigente.

Ele chorava ao contar sua história, e eu, que transmitia a sua comunicação, sentia toda a emoção dele, via as cenas que ele descrevia como se eu as vivesse. Ele dizia que sofria e que estava muito arrependido.

Devido ao seu sofrimento, cercara-se de outros espíritos sofredores. E eu, também, o atraíra como ímã, por meio das vibrações mentais do meu sofrimento causado pela crise que estava enfrentando no meu casamento, abalado por tudo que vinha acontecendo comigo.

Carlos Nazareno e todos os espíritos sofredores que o cercavam estavam agindo como obsessores, aumentando o meu sofrimento com a carga da energia do sofrimento deles.

Ele voltou mais umas duas vezes, meu marido sempre dialogando com ele, que foi ficando cada vez menos agressivo e acabou me pedindo desculpas. Disse que não voltaria mais, que estava sendo ajudado por espíritos que iam cuidar dele. Eu lhe disse que nunca mais o esqueceria, pois ele me ajudara muito.

Em sonho, pude vê-lo depois em um leito de hospital, se recuperando. Do nosso encontro eu tirara muitas lições: entendi que estava sendo vítima de um processo obsessivo provocado por mim, pois ele tinha se aproximado com toda a carga de seu sofrimento e de sua revolta, atraído que fora pelas vibrações dos meus sentimentos de angústia, sofrimento, raiva e orgulho. Assim, eu piorara porque somara aos meus todos os sofrimentos dele.

Quando mudei meus sentimentos, substituindo-os por amor e compreensão, minha angústia foi se dissipando e eu fui melhorando como por encanto. Aprendera com ele que somos responsáveis por aquilo que atraímos pelos nossos pensamentos. Aprendi também que o amor que o meu marido demonstrara por ele, ouvindo-o, conversando e o aconselhando, lhe beneficiara, libertara-o para se tratar. Foi uma troca: ele e eu nos libertamos, nos beneficiamos.

Meu marido, então, cresceu aos meus olhos, devido a sua demonstração de solidariedade por ele, e a que teve também por mim, fazendo-me sentir tão amparada naquele momento difícil.

Depois de contar ao Pai Tomé esse caso do Nazareno, e outros, ele me disse que eu atraía os espíritos porque tinha uma forte mediunidade, que era preciso desenvolver justamente para ter o controle, para não ser mais essa porta aberta para qualquer espírito, o que era mesmo de enlouquecer. Indicou-me então um centro espírita onde iniciar o meu desenvolvimento.

Depois desse primeiro encontro com Pai Tomé, nunca deixei de procurá-lo para receber passes, ouvir seus ensinamentos, consultá-lo em momentos difíceis de minha vida. Ele era o meu oráculo e o meu grande amigo.

Pai Tomé faleceu há algum tempo, deixando um número enorme de amigos e de pessoas que se beneficiaram, ao longo de tantos anos, de sua dedicação aos trabalhos espirituais.

Minha gratidão a Pai Tomé é imensa e se estende também a sua esposa, que nos recebia sempre em sua casa com muito carinho, como se fôssemos da família.

No centro espírita

Não deixei de seguir a recomendação de Pai Tomé: fui procurar o centro espírita, onde recebi toda orientação de que necessitava para o desenvolvimento de minha mediunidade.

Quando cheguei lá, fui entrevistada pelo dirigente do centro, que logo me encaminhou para o tratamento de desobsessão. No começo eu ia duas vezes por semana: uma para desobsessão, e a outra para receber ensinamentos, passes magnéticos e energização.

Sentava-me à mesa com o grupo de trabalho, incorporando entidades que recebiam dos médiuns a ajuda ou a orientação da qual necessitavam. Os que me perturbavam eram levados a compreender o mal que estavam me causando, prejudicando-se com isso também. Os médiuns conversavam com eles e os orientavam para os caminhos da luz e da evolução.

Da mesma forma, se dirigiam aos espíritos recém-desencarnados que se sentiam ainda perdidos, e a todos os demais que recebíamos e que necessitavam de suas palavras de compreensão e auxílio.

Sempre sob a inspiração dos espíritos trabalhadores, os médiuns executavam tudo com respeito, disciplina e sabedoria. O coordenador das sessões cuidava para que tudo decorresse na maior ordem e harmonia.

Comecei a sentir uma melhora a partir da primeira vez, e depois de uns meses estava praticamente curada. O processo de desobsessão é rápido quando enfrentamos o tratamento com disposição e determinação.

Esse trabalho é realizado durante as sessões no centro, que começam sempre com leitura e comentário de trechos do Evangelho ou de livros do médium Chico Xavier, para a elevação do pensamento e a preparação do ambiente. Em seguida, passam à doutrinação espiritual, à orientação dos espíritos e das pessoas presentes.

Só então se iniciam os trabalhos de desobsessão. Nesse momento as luzes são apagadas, e o espírito mentor abre a sessão. Na mesa estão os que recebem as entidades obsessoras e sofredoras, e atrás os médiuns, que, inspirados pelos espíritos trabalhadores, vão orientá-los.

Ficamos vulneráveis à obsessão quando baixamos o nível dos pensamentos, abrindo o nosso campo vibratório a espíritos que se encontram nessa faixa de baixa vibração, inclusive aqueles que tiveram alguma ligação com nossas vidas passadas. Esses obsessores ficam constantemente ao nosso lado, falam, emitem opiniões, sugerem ações. Isso pode ser ouvido, ou ser sugerido em nossos pensamentos, como se as palavras fossem fruto de nossa mente.

É muito difícil nos libertarmos sozinhos da obsessão: devemos procurar ajuda especializada. No meu caso, fui curada em um bom centro espírita, com médiuns que doutrinam esses espíritos, que nos fazem entender o que está acontecendo, que nos energizam para melhorarmos e conseguirmos mudar a vibração do nosso pensamento, nos libertando assim dessas influências. Foi o que aconteceu comigo nesse centro.

Atualmente, é raro eu ouvir ou ver alguma coisa ruim, mas, quando acontece, sinto logo a presença de um protetor que me adverte e me inspira. Liberto-me rapidamente. Quando tenho pensamentos negativos, também sou aconselhada a cortá-los, e é o que faço para não baixar as minhas energias.

Faz mais de vinte anos que fui ao centro espírita pela primeira vez, e até hoje continuo a freqüentá-lo. O dirigente que me recebeu naquela ocasião não está mais lá; ele faleceu há alguns anos. Ainda guardo comigo a gratidão imensa pelo que ele representou em minha vida, pela sua orientação, por sua bondade e dedicação. Foi ele que, pela sua competência, me fez entender, aceitar e respeitar a minha mediunidade. Por isso o considero um pai, um anjo protetor em meus caminhos.

O centro, além de curar-me das obsessões, desenvolveu a minha mediunidade: sou médium consciente.

O médium inconsciente apaga, desliga-se totalmente durante a comunicação do espírito, e volta do transe como se despertasse de um sono sem sonhos, sem saber nada do que se passou.

Eu, como médium consciente, quando recebo um espírito, sinto-me em uma espécie de dualidade, como se meu cérebro estivesse dividido em duas partes: um lado sendo utilizado pelos pensamentos do espírito, que fluem livremente através de suas palavras, e outro lado, onde estou eu, atenta, ouvindo, chegando mesmo a compartilhar as emoções da entidade que se comunica.

Prefiro ser consciente, porque asseguro a possibilidade de defender-me, de não ficar à mercê de qualquer espírito. Tenho de arcar, porém, com a responsabilidade de não permitir que meus pensamentos interfiram na comunicação, resguardando assim a autenticidade das mensagens.

Alguns espíritos se utilizam do vocabulário do médium, sem que isso represente uma falsa comunicação. Dois fatores nos permitem comprovar a identidade do espírito e a autenticidade de sua mensagem: a qualidade dos valores transmitidos e a veracidade dos dados que tenham sido fornecidos.

Quando pretendemos consultar um médium ou buscar sua orientação, devemos nos basear na credibilidade de que ele desfruta, nas suas qualidades espirituais e éticas.

São esses mesmos critérios que precisamos ter com relação a um centro que desejarmos freqüentar.

Meus grandes amigos

Tenho sido ajudada por muitos espíritos. Um me acompanha como um "Anjo da Guarda". Na verdade, sempre esteve ao meu lado, tentando me orientar, mas antes eu não lhe dava atenção, não estava pronta, aberta para os conselhos. "Não pense assim, tenha paciência com fulana, não julgue sem saber. Mude a sua vibração." Hoje é diferente: quando recebo uma notícia triste ou leio desgraças no jornal e começo a ficar deprimida, a me lamentar, ouço-o me dizer: "Ilana, cuidado, mude esse pensamento negativo, não fique assim, vai baixar sua vibração". Logo reajo, não sei se pelo mecanismo de autodefesa ou atendendo a seu apelo, mas o fato é que isso me ajuda a me reequilibrar.

Lisa

Durante muito tempo convivi com a Lisa, a quem já me referi. Ela aparecia, conversávamos, e depois ela me dava um passe e, com a vibração de suas mãos, energizava a casa inteira.

Éramos amigas, dialogávamos em uma troca que nos enriquecia: ela me dizia que estava aprendendo tanto quanto eu, que parecíamos alunas de uma mesma escola.

Entendi melhor essa relação, o nosso encontro, depois do que ela me relatou: disse-me que morreu muito jovem, com apenas 17 anos, e que sua morte causou-lhe, no começo, muito sofrimento, pois não conseguia se desapegar de seus pais e irmãos, só pensava neles, com muita tristeza.

Recebeu tratamento em um hospital espiritual, e depois foi encaminhada para um aprendizado no Plano Médico do Oriente, sob a supervisão do Mestre Baruch.[*]

A presença dela em minha casa fez parte de sua aprendizagem: foi enviada pelo Mestre ao plano terrestre para acompanhar e, se possível, ajudar no meu caso de mediunidade e de obsessão. Acredito que ela deve ter aprendido muito com o meu sofrimento, com as minhas lutas interiores, assim como aprendi com ela. A nossa convivência foi, de fato, uma escola para nós.

Senti muito quando ela me contou que reencarnaria brevemente. Retornaria à mesma família, para completar, junto deles, a missão que fora precocemente interrompida.

---

[*] Esse hospital e o Plano Médico, assim como o mestre, são de uma dimensão não-terrena. O tema será abordado nas páginas seguintes.

Baruch

Lisa me falava sempre do seu Mestre, e foi em uma viagem que fizemos ao Havaí que ela me fez a surpresa: "Hoje vou lhe apresentar meu Mestre. Ele virá para falar com vocês".

Para a chegada dele, Lisa preparou todo o ambiente, energizando-o. E, então, eu incorporei o Mestre. Senti uma pressão nas costas, como se ele tivesse uma corcunda ou uma deformação causada pela idade.

Ao se apresentar, ele nos disse que cuidava do Plano Médico do Oriente e que viera para nos ajudar, para nos instruir e orientar. Nessa época, eu ainda não tinha ido ao centro espírita e nada sabia sobre a doutrina de Allan Kardec nem conhecia as obras de Chico Xavier.

Quando meu marido lhe perguntou o nome, ele nos disse que o nome não importava, mas se quiséssemos poderíamos chamá-lo de Baruch (é a versão em ídiche de "Abençoado"). Ele foi a primeira entidade que realmente passou a nos orientar sobre esse mundo invisível que não conhecíamos.

Durante os vinte dias de nossa viagem ele vinha diariamente, pela manhã e ao entardecer.

Para a comunicação, meu corpo assume a postura dele: Baruch se senta e cruza as pernas na posição de lótus; ele une as mãos só pelas pontas dos dedos e os une e desune como se batesse palmas, lenta e suavemente; outras vezes, faz um gesto como se acariciasse uma esfera invisível entre elas.

Fixo meu olhar em suas mãos e parece que entro em uma espécie de transe hipnótico induzido por ele, pois começo a ver cenas do que vai ser abordado depois. Por exemplo, quando quero consultá-lo sobre uma determinada pessoa, em transe, eu a visualizo, inclusive como e onde ela está. Se é uma pessoa perturbada, eu a vejo em uma sombra escura, e capto sua vibração e seus sentimentos, mais do que a imagem dela. Só depois é que o Baruch dá a sua orientação.

Em uma de suas vindas, ele nos falou sobre a influência da energia das pessoas, sobre o grande poder da mente, da nossa força mental. Explicou que quando recebemos a vibração de uma pessoa que nos deseja mal, se estivermos com a nossa energia enfraquecida, essa vibração nos atingirá, envolvendo-nos na sua onda negativa. Porém, podemos nos beneficiar com as boas vibrações se estivermos positivos, receptivos.

Esse mesmo poder da nossa força mental pode ser utilizado de forma construtiva e criativa, tanto para nos defendermos do mal quanto para fazermos o bem.

Por meio de nossos bons pensamentos, da energia positiva, podemos nos conectar com os espíritos superiores, recebendo deles o bem que merecermos. As orações também produzem essa vibração positiva que nos eleva até eles, que nos liga com os planos superiores e nos defende do mal.

Baruch nos instruiu sobre a maneira de lidar com os espíritos obsessores e sofredores: ter compaixão por eles, abrindo o nosso coração para recebê-los com amor, pois eles estão perdidos, sofrendo. As nossas palavras devem ser de acolhimento e compreensão. Devemos ouvi-los com paciência e procurar ajudá-los a encontrar a paz, o caminho a seguir.

Foi assim que o meu marido, intuitivamente, agiu com Carlos Nazareno e outros obsessores que eu recebia.

Baruch me disse que a minha mediunidade era uma luz, e que isso representava uma tocha no meio do escuro para os espíritos perdidos, atraindo-os para mim. Que eu me imantasse de bondade e de amor ao próximo, elevasse meu pensamento e conversasse com eles sem me preocupar tanto com o que diria, pois o principal era doar-lhes essa energia de amor para ajudá-los a melhorar.

Quando comecei a perceber o que eles sofriam, a conhecer suas histórias tão tristes, pude sentir que esses espíritos eram pessoas como nós, seres humanos que desencarnaram.

Muitos vinham procurar seus familiares, outros não percebiam que tinham morrido, e a maioria nem sabia que estava fazendo mal a nós e a si mesma. Na realidade, estão sós e muito perdidos. "Imagine", me dizia o Mestre, "o que eles sentem quando avistam uma luz diante deles". Para mim, é nossa missão ajudá-los sempre. Baruch me fez defrontar com um mundo não mais de espíritos desesperados, mas de seres humanos necessitados de ajuda.

Quando voltamos da viagem, Baruch continuou a vir diariamente, e depois foi aos poucos espaçando as visitas para uma vez por semana, uma por mês e, finalmente, veio somente no dia 31 de dezembro.

E tem vindo todos os anos nessa mesma data, quando, além dos seus ensinamentos, nos faz previsões para o novo ano, aconselhando-nos sobre a maneira de encará-las e de enfrentá-las.

Uma das vezes, ao recebê-lo, fechei os olhos e vi um dourado intenso que foi se definindo, transformando-se em um imenso e lindo trigal, todo amarelo. "Este é o ano da colheita", disse Baruch – ele gosta de metáforas. "Vai ser uma boa colheita. Vejo muito ouro." Não se referia a dinheiro propriamente, mas sim à riqueza dos acontecimentos, à melhora da qualidade de vida, ao sucesso que até poderia nos trazer dinheiro, se necessário para o nosso equilíbrio.

Houve um ano em que Baruch nos preveniu: "Esse vai ser o ano das doenças". Meu coração disparou, fiquei com muito medo, pois ele não errava nunca, mas aí ele nos tranqüilizou: "Nunca digo nada para deixá-los apreensivos; o que quero é que saibam que tudo será superado sem graves conseqüências, e assim vocês vão conseguir manter os pensamentos positivos tão necessários para auxiliar na recuperação".

De fato, nesse ano tudo aconteceu: minha sogra ficou sabendo que estava com leucemia, meu sogro quase morreu por causa de um problema de vesícula, uma sobrinha sofreu um grave acidente de carro, do qual só se salvou por milagre. Tivemos ainda várias doenças não muito graves durante todo aquele ano, mas conseguimos nos manter confiantes e tudo correu como Baruch tinha antecipado. Até hoje, as previsões, em sua totalidade, têm se confirmado sempre.

Quando o dia 31 vai se aproximando, vou ficando nervosa, tentando adivinhar o que ele vai dizer, mas todas as minhas conjecturas sempre falham, o que me tranqüiliza quanto à possibilidade de eu estar interferindo nas previsões. Mas não aprendo, preciso estar sempre me testando. Todas as vezes que recebo o Baruch, sinto aquela pressão causada pela deformação de suas costas encurvadas, o que se tornou para mim a marca incontestável da sua presença. Uma vez, perguntando ao meu marido se as previsões que acabávamos de receber não poderiam ter sido uma invenção de minha mente, ouvi, dentro de mim, o Baruch dizer-me: "Você se considera uma sábia?" Respondi: "Claro que não". "E vocês não comentam entre si, e até mesmo já falaram para mim, que consideram minhas palavras, meus ensinamentos, como vindos de um sábio experiente? E, então, você se considera sábia e experiente?", perguntou, ao que imediatamente respondi: "Não, absolutamente", e comecei a rir, relaxei... Realmente fora muita pretensão de minha parte achar que aquelas palavras e aqueles conceitos pudessem ter sido meus.

Seus ensinamentos nos têm norteado a vida. Baruch nos fez ver que:

- Somos almas únicas e que existe um universo dentro de nós.
- Somos filhos de um mesmo Pai e portanto somos todos irmãos.
- Como irmãos, devemos nos amar uns aos outros.
- Estamos todos ligados em uma espiral de evolução.
- Somos coração e mente, e devemos sempre agir com o coração e a mente juntos para não errarmos.
- Devemos buscar a força que existe dentro de nós para vencer os desafios, pois fomos construídos para isso.
- Vencer é evoluir, aprender, pensar, amar, discutir idéias e disseminá-las. Somos aprendizes e semeadores.
- Devemos observar as lições da Natureza: ela tem o equilíbrio perfeito e nos dá a resposta para tudo.

O Mestre recomendou a meditação diária como busca da cura para doenças físicas, mentais e espirituais. Como somos diferentes uns dos outros, cada um deve procurar a sua forma de se conectar com a espiritualidade superior, o que poderá acontecer também por intermédio da prece. Todas as religiões que pregam o amor ao próximo, a caridade, o perdão, que buscam o equilíbrio, ajudam o homem a evoluir espiritualmente.

Em um 31 de dezembro, o Baruch me surpreendeu com uma incumbência: "Você vai ter de escrever".

Fiquei entusiasmada. "Vou psicografar mensagens do Baruch." Animei-me porque ele é um sábio, seria ótimo para mim. Mas ele me disse: "Não, não! Não é psicografar". Não? "Então vão me ajudar, não é?" Ele respondeu que não. "Vai ser pelo seu esforço", disse. "Então, sou eu que vou escrever o livro? ", perguntei. "É, você vai escrever o livro!" Eu quis saber qual era o assunto, e ele me disse: "Você vai saber o que é". Não quis me adiantar nada. "Você se prepare, e pode começar a escrever." Comentei depois com o meu marido: "Eu leio muito pouco, eu não posso escrever, não tenho condições, impossível, melhor esquecer".

Passado um ano, no outro Ano-Novo, Baruch me perguntou: "Você está escrevendo?" Eu disse que não: "Ah, Mestre, eu não sei escrever. Era brincadeira, não é?" E ele só me disse: "Você está atrasada!" No ano seguinte, reclamou: "Ilana, faz três anos que eu lhe disse que você tinha de escrever. Dois anos nós lhe demos para você se acostumar com a idéia. Mas você está atrasada e não é certo atrasar os trabalhos. O seu tempo acabou". Perguntei a ele como eu faria a tarefa. "Perseverança, dedicação e disciplina. Marque um horário uma vez por semana e, de qualquer maneira, escreva. No começo vai ser difícil, mas sente-se e fique escrevendo."

Nessa época, eu achei que era história infantil, história de fadas, para que eu orientasse as crianças sobre o mundo após a morte. Eu tinha uma história, mas até esqueci dela, não escrevi.

Sentei-me e comecei. Resolvi escrever sobre minhas lembranças. "Eu tenho tantas lembranças de vidas passadas", pensei, "mesmo que nunca se publique nada, mesmo que nunca ninguém leia, pelo menos eu vou poder dar esse conhecimento aos meus filhos e aos meus netos, eles vão ter consciência de tudo, saber de minhas experiências pessoais – algo que, quem sabe, possa ajudá-los."

Passei a escrever todas as quartas-feiras, das 6 às 7 da tarde, uma hora só, mas eu me sentava, fechava tudo, ficava incomunicável, escrevendo. No começo eu fazia uma prece, depois já não, no horário eu estava pronta para começar a escrever, não conseguia parar: escrevia, escrevia, escrevia. De repente, tocava o telefone, eu olhava no relógio, eram 7 horas – parecia que até o telefone me respeitava.

Quando cheguei à última página, reli o material e pensei: "Está muito ruim, acho que vou ter de reescrever tudo. Não sei o que fazer. Vou viajar. Quando eu voltar eu vejo".

Nessa ocasião, a Zita me enviou um telegrama nos cumprimentando pela passagem do Ano-Novo judaico. Liguei para agradecer e, conversando, ela me contou que começaria um trabalho, realizando entrevistas para o livro que uma amiga estava escrevendo. Então lhe falei do meu livro, das dúvidas que estava tendo, e ela se prontificou a me ajudar. Era o nosso reencontro no campo da espiritualidade. Fiquei impressionada, porque no relato que eu escrevera tinha me referido a ela como a minha orientadora. E vi que eles continuaram me ajudando sempre, de alguma forma.

Fiquei certa de que precisava mesmo contar a minha trajetória para ajudar muitas pessoas que têm esse tipo de visão e ouvem vozes, para que elas busquem auxílio adequado, e saibam que dá para passar por tudo isso e sair incólume, aprendendo, melhorando e sentindo-se mais feliz.

Eu sou mais feliz, sou muito mais feliz desde que conheci o Baruch e a Lisa, desde que entrei em contato com aquele mundo diferente e maravilhoso.

Sou muito mais feliz porque, além de ter certeza de que não estou só, sei que quando morrer eu não vou virar somente pó.

O Plano Médico do Oriente

Além de receber as comunicações do Baruch por meio da incorporação, eu, em desprendimento, vou ao Plano Médico do Oriente, onde ele vive, e lá recebo seus ensinamentos e de outros mestres também.

Encontram-se, nesse Plano, muitos espíritos de orientais que, ao chegarem, recebem a ajuda e o tratamento do Centro Médico, quando necessário, e passam depois a receber os ensinamentos dos mestres. Estudam, trabalham pelo bem comum e meditam, buscando sua elevação espiritual.

A meditação é fundamental para manter o Plano livre de qualquer contaminação negativa pelos pensamentos e acontecimentos externos.

Os espíritos encarnados também são recebidos aí – e, nesse caso, não são só os orientais. Eles são levados pelo desprendimento por meio do sono ou da meditação para receber tratamento médico ou para conhecer o Plano, de onde voltam fortalecidos espiritualmente pelos ensinamentos dos mestres e curados de seus males físicos. É a missão que o Plano tem junto aos habitantes da Terra.

Baruch me contou que o Plano Médico é um dos milhares de planos que existem em torno da Terra, ou muito além no espaço, e que eles diferem do nosso planeta e entre si pela matéria de que são constituídos e pelas ondas eletromagnéticas que emitem.

Os que estão mais próximos da Terra são mais densos e são os que mais se assemelham a ela. O Plano Médico do Oriente, porém, embora esteja bem perto de nós e se pareça bastante com o nosso planeta, é constituído de uma matéria bem mais leve.

Estive inúmeras vezes lá, e Baruch me disse que no início eu só podia ir durante o sono, pois a minha perturbação mediúnica não me permitia outro tipo de desprendimento.

Eu recebia tratamento médico com passes magnéticos e toda orientação necessária para conseguir elevar o pensamento e me fortalecer mentalmente.

Só depois pude atingir o Plano por meio da meditação, e foi Baruch quem me ensinou a meditar: primeiro, busco um lugar sossegado, de preferência ao nascer ou ao pôr do sol. Faço uma prece e, depois de elevar meu pensamento, devo me imaginar sozinha em uma praia, montanha ou jardim, e sentir o vento batendo em meus cabelos e na minha face, envolvendo todo o meu corpo e levando com ele todos os meus pensamentos. Avisto, então, um jardim cheio de rosas. Olho para uma delas e me concentro nesse olhar, me aproximo e sinto o perfume e a maciez de suas pétalas. O vento chega também até elas e as pétalas se desprendem, caindo no leito de um riozinho calmo e tranqüilo. Observo a água correndo, o vento batendo suavemente nela, formando pequeninas ondas. A água límpida segue seu curso, unindo-se mais além a outro riacho.

Escurece, olho para o céu, é noite estrelada, ouço os sons do universo distante, fixo o olhar em uma estrela e me concentro nela. Deixo sua luz me cobrir inteira e me torno irradiante como se eu também fosse uma estrela. Trago para dentro dessa luz, formando como que um círculo em torno deles, de meu marido, meus filhos, outros familiares e amigos que necessitem, e peço ao Pai que sempre nos ilumine e nos proteja de todos os males.

Então, com o pensamento elevado, desprendo o meu espírito para bem longe no espaço e alcanço o Plano Médico do Oriente.

Os alunos e os professores do Plano Médico usam essa mesma técnica de meditação, mas de uma forma mais abrangente: iluminam com seus pensamentos toda a humanidade, toda a Terra, todo o Universo.

Antes de ser recebida no Plano, mulheres orientais, com roupas típicas, me preparam para a visita: elas me desnudam, lavam o meu corpo e meus cabelos com água e pétalas de rosa, depois me vestem com um quimono colorido, sempre com cores e estampas diferentes. Arrumam também o meu cabelo do jeito que as orientais costumam usar.

Saio de lá, subo uma escadaria larga e chego diante de uma porta imensa, feita com toras de madeira, muito alta e pesada. Lembra uma porta medieval. Está aberta, com um guardião ao lado, um homem grande, assustador, parecendo um gigante lutador de sumô. Ele só deixa entrar os convidados ou alunos credenciados. Eu recebi do Baruch minha credencial em um dia muito especial. Ela me permite ir para lá sempre que quiser.

Ao transpor essa porta fico encantada com o que vejo. A sensação é de alegria e paz. É tudo tão lindo, um local todo ajardinado, florido, perfumado e colorido. As construções são feitas com toras de madeira, no estilo oriental, parecidas com os templos budistas.

Caminho sobre um chão de terra clara recoberta por seixos brancos e redondos, e logo adiante, à direita, avisto uma majestosa construção, a maior delas. Entro e deparo com um imenso salão, que tem quatro ou cinco metros de altura. No teto, muito vidro entre as vigas de madeira. As paredes são ornamentadas com tons dourados e muitas cores, vermelho principalmente, e também com desenhos e incrições, infelizmente indecifráveis para mim. Tudo muito suntuoso.

É uma sala de recepção, onde os aprendizes do Plano, visitantes e trabalhadores de outros planos são atendidos e orientados. Baruch os recebe sentado em uma imponente poltrona e acompanhado por outros orientais, que estão de pé, atrás dele ou a seu lado.

Baruch se apresenta sempre com uma bola de cristal incolor e transparente em uma das mãos e, na outra, um cajado.

É muito idoso, aparentando mais de 100 anos, bem baixinho e curvado. Calvo, o pouco cabelo que lhe resta atrás é todo branco e bem comprido. Tem uma longa barba branca, rala e dividida ao meio. Sua expressão é suave e feliz. Sempre recebe todos sorrindo. Veste-se às vezes com muita pompa. Quando me referi a isso e à suntuosidade do ambiente, ele me disse que a beleza é muito importante, agrada a vista, causa alegria, e que a alegria eleva a alma.

Próximo a esse castelo, um pouco mais adiante, há um grande lago. Suas águas claras e límpidas são tão transparentes que vejo as pedras brancas do fundo e os peixes, grandes carpas coloridas. Muitas vezes, ao chegar, vi Baruch ao lado desse lago, apreciando as carpas, jogando alguma coisa para elas e colocando as mãos nessas águas serenas.

Ele diz que olhar o movimento dos peixes, admirar a natureza, sentir a paz que ela transmite nos faz participar de seu equilíbrio, e que devemos ter a transparência dos lagos e rios de lá. E que, assim como as águas dos córregos depois de batidas pelo vento continuam a correr serenas, nós também não podemos deixar que os ventos de más influências externas tumultuem as águas que correm dentro de nós. É preciso seguir adiante sem nos abalarmos.

Desse lago, por um canal estreito, a água flui, formando um riozinho que desce suavemente sobre degraus de pedra moldados pela natureza. As margens dele são floridas e com alguns caramanchões formados por lindas trepadeiras coloridas. Sob os caramanchões há bancos de madeira, com um espaldar alto feito com ripas que se curvam formando uma cobertura, como um pequeno dossel oriental. Sento-me aí e, às vezes, fico horas a olhar o regato que passa e os peixes a se movimentar nele. É um exercício importante, eles dizem, pois aumenta a percepção, o alcance e o equilíbrio da mente.

Esse pequeno riacho desemboca em um rio caudaloso que vai formar uma linda cachoeira. Atrás dela, existe uma abertura de gruta que, por um longo corredor, dá acesso a uma clareira no interior da rocha: é um espaço amplo e em penumbra, onde estão as entidades médicas atendendo os espíritos encarnados e desencarnados. Como parte do tratamento, alguns são banhados na cachoeira, cujo poder energético e força de suas águas os limpa espiritualmente e lhes proporciona a harmonia interior e o equilíbrio.

Ao menor problema que eu tenha, me vejo logo sendo banhada nessa cachoeira. E vejo também os outros espíritos que estão lá, aguardando a sua vez.

Caminhando para bem mais longe, chega-se a um bosque de árvores frondosas e gigantescas, com um gramado verde suave. Sentados sob as copas das árvores estão alguns jovens estudando, conversando ou meditando. Muitos deles estão se preparando para ser monges. Outros grupos se reúnem aí: os espíritos dos encarnados, convidados para aulas que recebem durante o desprendimento pelo sono, sentam-se ao redor dos mestres para ouvir suas palestras edificantes.

Eu também já participei desses encontros, nos quais ouvi, algumas vezes do próprio Baruch, as palavras de conforto e de ânimo que nos estimulam a reconstruir nossos valores e a sentir a alegria de viver.

Não é fácil retornar dessas reuniões tão cheias de alegria e paz. Não é fácil voltar para o nosso mundo tão conturbado. O que me puxa forte de volta sempre é o grande amor que sinto pelos meus entes queridos, que também me trazem essa sensação de alegria e paz.

Nesse mesmo bosque existem vários templos, de construções diferentes, pequenos. Parece que se destinam também a finalidades diferentes.

Só conheço um deles por dentro. É bem pequeno, tem apenas uma sala com pé-direito muito alto, toda ornamentada em dourado, azul e vermelho. No teto, uma abertura permite a entrada da luz do sol, que ilumina, no centro da sala, a estátua dourada de uma deusa de muitos braços: é a Deusa da Misericórdia.

Diante dela, iluminada pelo mesmo foco de luz, me concentro e fico horas. Enviada pelo mestre para meditar, peço ajuda para elevar meus pensamentos. A luz que nos banha, a mim e à Deusa, me isola de tudo e cria para mim um momento de profunda introspecção e concentração total.

Dois monges cuidam desse templo. Nunca os vi juntos; eles se revezam nos recepcionando e encaminhando para o foco de luz, diante da Deusa, retirando-se em silêncio, deixando-nos sós, concentrados.

Quando Baruch achou que eu poderia receber a credencial que me permitiria voltar ao Plano sempre que quisesse, preparou-me um momento especial: quando cheguei, percebi que havia uma recepção luxuosa. Ficaram todos parados, me olhando, quando entrei. Estavam a minha espera! Fiquei assustada, meu coração começou a bater forte.

Baruch estava sentado em um local mais alto, lindamente decorado. Para chegar até ele, subi uns degraus, entre alas. Baruch me abraçou e me deu um colar com um pingente em forma de dois dragões entrelaçados: "Agora você é recebida como filha em nosso Plano. Com este colar nunca será barrada, poderá nos visitar sempre que quiser". Não se trata de um colar material, é espiritual, mas se apresenta com a forma dos dragões. Quando me concentro para ir ao Plano, automaticamente estou com o colar, nunca preciso pensar nele. (Em uma outra ocasião, e de outra forma, meu marido também recebeu esse colar.)

Depois Baruch me mostrou um livro grande, dourado, muito bonito. Ele o abriu para mim e disse: "Aqui está escrita sua história". Imagino que seja todo o meu processo mediúnico e tudo que aprendi com ele. Perguntei o motivo, e ele explicou: "Para que muitas pessoas que tenham os mesmos problemas que você teve possam vir aqui lê-lo e compreender o que se passa com elas". São os espíritos desencarnados ou os vivos a quem eles ministram cursos durante o desprendimento pelo sono.

Depois de receber o colar, de ter conhecido o livro de minha vida, voltei para lá muitas vezes, ao encontro do Baruch e dos mestres. Até voltei uma vez para pedir a ajuda do Plano, quando houve um problema grave com o meu cachorrinho de estimação, um *poodle toy*, o Diamond.

Ele tinha sido levado para tomar banho e tosar o pêlo e, quando voltou, começou a ter convulsões. O veterinário que o examinou achou que ele deveria ter sofrido uma queda e batido a cabeça, ou estar envenenado com algum produto antipulgas que pudessem ter usado.

Medicou-o, mas o cachorrinho foi piorando até ficar totalmente paralisado.

Fiquei inconsolável, comecei a rezar, em prantos, e resolvi, vencendo uma certa insegurança e o acanhamento, pedir a ajuda do Plano Médico do Oriente. Concentrei-me. Fui recebida pelo Baruch e lhe perguntei se os bichos também poderiam receber os cuidados do Plano, cujos participantes amam muito os animais. "Claro que sim. Por que não os trataríamos? Não pertencem eles também ao Reino de Deus?"

Apresentou-me, então, a um jovem indiano, alto, magro, moreno. Baruch contou-me que esse rapaz estava lá para aprender a amar os homens, pois, em vida, ele se isolara de sua comunidade, dando preferência à companhia dos animais, que considerava melhores do que as pessoas.

"A nossa luta é pela busca do equilíbrio e isso faltava a esse rapaz", explicou Baruch. "Faltou-lhe também a humildade: afastou-se dos homens por um pré-julgamento. Embora sendo uma alma boa, não foi capaz de compreender que é necessário um conhecimento extraordinariamente maior para poder julgar."

Ele não conseguiu entender que cada ser estava em um estágio diferente de evolução e que, no lugar de afastar-se, deveria ter tido a generosidade, o amor, a disciplina e a perseverança para ajudá-los, pois ele demonstrara que tinha uma condição especial de evolução, pelo grande amor que dedicava aos animais.

Baruch me disse, então, que era esse indiano que viria tratar do meu cachorrinho: no Plano Médico eles aprendem a arte de curar e a exercem de forma mais abrangente.

Concentrada ainda, recebi o médico indiano que logo, para aliviar o meu cachorrinho, deu-lhe um longo passe magnético e, depois de examiná-lo, me disse que o Diamond precisava de cirurgias espirituais.

Recomendou-me, então, que uma vez por dia, sempre no mesmo horário, às 6 da tarde, durante quatro dias, eu me concentrasse para recebê-lo, e ele faria as cirurgias. Diariamente, durante os quatro dias, eu o vi operando, usando instrumentos cirúrgicos, e depois dando passes magnéticos na cabeça e no fígado do Diamond.

Disse-me que o cachorrinho ficaria bom, mas com seqüelas: nunca mais pularia, andaria com certa dificuldade, e ficaria mudo: não latiria mais.

A cada dia de tratamento ele ia melhorando. De repente, já curado, levantou-se, só que, para espanto de todos, ele ficara mudo, só conseguia emitir um som gutural bem baixo quando tentava latir. "Um cachorro perfeito para apartamento", diziam rindo.

Ele viveu ainda um bom tempo conosco. Morreu vítima de um acidente banal.

Depois tive a Peggy Sue, também *poodle toy*, que, com mais de 8 anos, começou a ter sérios problemas de saúde, e muitas vezes precisei da ajuda do Plano Médico.

Com quase 12 anos, Peggy Sue, cardíaca, diabética, estava muito doente, completamente largada em sua pequena cama. Eu precisava acompanhar meu marido em uma viagem de negócios, que não podia ser adiada.

Fiquei arrasada, não queria deixá-la, tinha medo de que ela morresse na minha ausência.

Recorri, então, ao jovem indiano, que me disse para não me preocupar, que viajasse em paz, pois a Peggy viveria ainda mais 4 meses. Viajei confiante.

No tempo previsto, exatamente 4 meses depois, nem um dia mais, ela se foi. Apagou como um anjinho.

Eu não poderia deixar de me referir aqui a esse tratamento espiritual, à atenção e ao carinho que os meus cachorrinhos receberam do Plano Médico, pois isso foi para mim a mais evidente demonstração do que os animais representam para o homem e, por conseqüência, do amor e respeito que eles merecem.

Pensei, em especial, naqueles animaizinhos que, como os meus, sabem demonstrar sua afeição por nós e levam muita alegria a tantos lares.

Em uma das vezes em que estive no Plano, ao ver o Baruch sozinho, perguntei se ele não tinha esposa. Ele riu e disse que tinha uma alma gêmea, não uma esposa, e que, por ela ter se desenvolvido mais depressa e ser mais elevada do que ele, já estava em outro Plano. Algumas vezes ela volta para visitá-lo.

Nós todos também temos uma alma gêmea, ele disse, e onde encontrá-la, aqui ou em outro plano, não importa. Basta saber que ela existe e que, ao encontrá-la, nós nos reconheceremos.

Lembro-me especialmente de um outro encontro com Baruch, quando se reafirmou para mim a importância que têm as vibrações que nós emitimos e aquelas com as quais nos conectamos.

Em uma viagem que meu marido e eu fizemos a trabalho para Las Vegas, nos Estados Unidos, uma noite tive um terrível pesadelo e despertei apavorada. Resolvi então meditar, ir em busca do Baruch, no Plano Médico, para ele me explicar o porquê daquele sonho tão horrível. "Você é culpada de seu pesadelo", ele me disse. "Sua vibração abriu campo para o sonho acontecer. Você desejou o pior a alguém, e entrou na mesma faixa de onda que emitiu."

Então me lembrei que na noite anterior havíamos tido um jantar de negócios, e que entre os presentes se encontrava uma pessoa que demonstrara querer prejudicar muito a empresa do meu marido. Captei essa energia e comecei a me sentir mal, a ter enjôo, e confesso que fiquei com muita raiva daquele homem. Baruch tinha razão: eu emitira uma onda pesada, negativa, e nela mergulhara.

Baruch me levou então até a cachoeira do Plano, na qual tantas vezes eu estivera, e me fez entrar na água. Espantei-me ao me ver coberta com uma lama negra e viscosa, que a água lentamente foi tirando de mim.

Ele me censurou pela raiva que senti, e me fez lembrar que os inimigos que cruzam os nossos caminhos não nos prejudicam; pelo contrário, nos levam a crescer, a nos desenvolver. É assim que devemos encará-los: como uma força motriz que nos leva para a frente.

Procurei ainda atribuir a minha vibração negativa às vibrações que captava em Las Vegas, cidade do jogo, ao que Baruch respondeu: "Las Vegas não é só jogo. As pessoas caminham pelas ruas fascinadas com a beleza da cidade, das luzes. Muitos não vão para jogar, mas para se divertir. Existem vibrações de alegria no ar. Cabe a você escolher com qual vibração vai se conectar".

Podemos ser responsáveis até mesmo pelos sonhos que sonhamos...

Gentleman:
um espírito cupido?

Tenho mais um grande amigo espiritual, o querido Gentleman, que me ajudou muitíssimo em uma fase muito atribulada da minha vida.

Há muitos anos, quando eu estava passando por uma crise no casamento, meu marido teve de ir ao Rio de Janeiro, a trabalho, e telefonou-me do escritório, convidando-me para ir junto a fim de aproveitarmos o fim de semana. Eu, que estava com raiva dele, disse que não iria e bati o telefone.

Ele já tinha saído, na parte da manhã, com sua bagagem. A viagem seria no meio da tarde, e, indo para o aeroporto, ele me ligou outra vez: "Ilana, você não vai mesmo comigo? Já comprei passagem pra você e estou te esperando no aeroporto". Eu disse: "Imagina se eu vou, não fiz minha mala, não tenho nada pronto, não vai dar tempo". Ele insistiu:

"Eu espero, não preciso ir no primeiro vôo, pego o outro, dá tempo, venha".

Enquanto ele me dizia tudo isso eu pensava: "Não vou de jeito nenhum, ele que vá sozinho". E aí ouvi claramente: "Arrume as suas malas, porque você vai junto". Então respondi: "Não sei se vou ou não vou, você me espera, se eu aparecer, apareci, tá bom?" Desliguei o telefone e achei até graça em deixá-lo lá me esperando, e ver que eu não chegava: era uma vingancinha. Depois refleti: "E se eu quiser ir, não vai dar tempo... Até eu fazer a mala, tomar o táxi, ir até o aeroporto, ele já terá ido embora." Então, ouvi claramente: "Não só vai dar tempo, como ele vai estar esperando lá fora para carregar suas malas". Recebi isso como uma ordem: rapidamente, me preparei, liguei para minha sogra pedindo-lhe para ficar com meus filhos, tudo muito depressa.

Apanhei um táxi, o trânsito estava lento, comecei a ficar preocupada, mas a voz ao meu lado me disse: "Fique sossegada, eu lhe prometo, não só vai dar tempo como ele vai estar na porta para carregar suas malas". E foi o que aconteceu: meu marido estava nervoso, na porta do aeroporto, pegou minhas malas, saímos correndo, o avião ainda estava lá, deu tempo de entrar. Ele ficou feliz, nem acreditava que eu estava indo; eu ainda estava confusa. "O que é que estou fazendo aqui?"

A voz permanecia me acompanhando, sempre. Ficaríamos em um hotel pequeno, mas eu ouvi: "Vamos procurar um lugar bem bonito, bem romântico para vocês ficarem". E eu pensava: "Como? Nosso orçamento não nos permite ficar em um hotel de luxo".

Fomos para um hotel pequeno mas bonito, de aspecto agradável e em frente ao mar.

Na portaria, recebemos as chaves de nosso quarto, e o meu marido, como estava atrasado para o trabalho, nem subiu: disse que voltaria no final do dia.

Quando cheguei ao quarto, tive uma surpresa: era a suíte presidencial, com sala, um quarto muito bonito, um banheiro lindo, e com uma vista maravilhosa para o mar. Deitada, eu via as gaivotas voando.

Pensei que meu marido havia pedido essa suíte como uma surpresa para mim, e que deveria estar preparado para esse gasto extra.

Enquanto eu, feliz, desarrumava minhas malas, ainda ouvia: "Desarrume as malas, olhe a paisagem", aquela voz sempre no meu ouvido.

Era uma presença constante ao meu lado. Resolvi lhe perguntar quem era e ele me disse que poderia chamá-lo da maneira que quisesse, mas eu não sabia como. Aí ele contou: "Meus amigos diziam que eu era um *gentleman*. Se você quiser, me chame de Gentleman". Até hoje eu o chamo assim.

Quando, naquele quarto tão bonito, eu pensava no meu marido, ainda sentia raiva e a minha vibração ficava mais baixa. O Gentleman me alertava sobre isso, ele queria que me mantivesse em vibração alta. Então me sugeriu um estratagema, que na verdade recebi como uma ordem: "Porque você não se imagina uma outra pessoa? Faça de conta que conheceu o seu marido hoje e que vocês vão viver um grande amor nesse lugar maravilhoso. Afaste todo pensamento que a preocupe, com filhos, com tudo. Corte. Você vai prometer que este fim de semana não é a Ilana antiga, você é outra mulher. Vamos fazer este jogo, prometa-me". Concordei, achei boa a brincadeira, achei que era a única forma de ter um fim de semana agradável, sem brigas.

Quando meu marido chegou, à noite, e entrou no quarto, levou um susto: "Ilana, nós não vamos poder pagar isto!" Aí expliquei que não tinha sido eu que pedira, que me entregaram a chave e que eu pensei que ele me fizera a surpresa.

Descemos então, e fomos falar com o recepcionista, que verificou que de fato se enganara. Diante de quanto nos custaria, vimos que não poderíamos ficar com o quarto, mas o atendente resolveu: "O erro foi meu, então vou fazer um bom desconto pra vocês." De fato, fez um desconto de quase 50% e ficamos com a suíte. Aí, perguntei ao Gentleman: "Foi você que fez isso?" Ele, rindo, respondeu: "Claro que fui eu. Quero ensinar aos dois pombinhos que devemos buscar coisas bonitas. Quando estamos em lugares bonitos é mais fácil resolver os problemas. Sua vida fica mais bonita, a beleza alegra o coração". Eu quis saber como ele conseguiu tal proeza. "Ah, foi tão fácil, foi só pegar o recepcionista sonolento, o resto resolvi facilmente." Eu brinquei: "Então você podia resolver o pagamento, não é?" Ele explicou: "Eu até tentei, mas ele tem chefes a quem dar explicações. Valeu o bom desconto, o dinheiro é para isso, é para ser usado. Aproveitem e fiquem".

Aí contei ao meu marido sobre o Gentleman, o que ele tinha me aconselhado, tudo, tudo. "Ah, ele vai ajudar a gente a se reconciliar", disse, muito feliz.

E como ajudou! O Gentleman tomou conta de mim. Ele cortava meus pensamentos de preocupação, falava tão alto em minha mente que eu não podia nem pensar. Cuidava de minha auto-estima, me dizia que eu era linda, que era a mulher dos sonhos dele.

Naquela viagem tudo correu às mil maravilhas: todos os lugares e restaurantes a que íamos eram os melhores e mais bonitos, e sempre fomos muito bem tratados. Acredito que ele realmente proporcionou o nosso reencontro, porque eu estava muito brava, crise dos sete anos, e sabe lá se até não poderíamos ter nos separado. Ele evitou, foi a nossa salvação e nos ensinou a buscar uma vida harmoniosa.

O Gentleman continuou nos auxiliando sempre, nas mais diversas circunstâncias; até um presente surpresa nos fez em um aniversário de casamento. Estávamos em Tóquio, e, quando fomos fazer uma excursão de ônibus, quiseram nos dar lugares muito desconfortáveis, banquinhos de madeira no corredor entre os bancos, pois o ônibus estava lotado. Quando o senhor que nos acompanhava, um japonês de Tóquio, reclamou, chegando a se exaltar, eles resolveram então pedir uma excursão privativa para nós, e acabamos fazendo o passeio em um carro com ar condicionado, motorista e guia particular – serviços muito caros no Japão – sem ter de pagar nada mais por isso. Disse ao meu marido: "Não parece um milagre?" Aí ouvi a voz do Gentleman. "Gostaram do presente?" Percebemos então que estava nos dando um presente pelo nosso décimo aniversário de casamento, que comemorávamos justamente nesse dia.

Acostumada com a disponibilidade do Gentleman, acho que tenho até abusado um pouco, recorrendo a ele mais do que deveria. Eu lhe falei sobre como me sentia culpada por lhe dar tanto trabalho. Mas ele me disse que o meu constrangimento talvez fosse por eu o estar considerando um espírito muito elevado, e que ele não o era: estava ainda em fase de aprendizado.

Pudemos conversar um pouco mais e ele me contou que era inglês, um oficial da Marinha Britânica, e que tinha desencarnado logo depois da Segunda Guerra Mundial.

Disse que os amigos o achavam muito gentil com as mulheres, mas que ele não era um mulherengo. Casou três vezes e tinha amado muito as suas esposas. Os amigos diziam sempre que ele era um Gentleman, pela forma como as tratava.

Quando desencarnou, passou por um aprendizado e depois, diante dessas suas qualidades, foi-lhe destinado o trabalho de reconciliar casais, e também o de ajudar a se encontrar aqueles que estão destinados um ao outro. Ele se incumbiu de me ajudar a pedido de um espírito, parente meu, que de lá zela por mim.

Por meio dele descobri que existem espíritos que têm essa missão – são um tipo de cupido, a quem podemos recorrer se tivermos algum problema amoroso. Ele me disse humildimente também que ainda se envolve muito com as pessoas, que fica triste, fica contente, precisa evoluir mais para não sofrer, que às vezes tem até raiva, e que precisa superar isso. Mas é muito alegre.

Eu já o vi duas vezes: em uma delas, me pregou um susto quando veio me trazer um presente, no meio da noite, naquela mesma viagem ao Rio de Janeiro. Quando o vi, gritei assustada. Ele brincou: "Não sabia que eu era tão feio. Venho lhe trazer um presente e sou recebido com um grito". E ele não é feio: é baixinho, meio gordinho, um pouco careca, aparentando uns 55, 60 anos, e muito simpático. Usa farda de oficial da marinha.

A outra vez que o vi foi em Nova York. Meu marido e eu, na última noite antes de voltar para o Brasil, resolvemos, como despedida, ir a um lugar bem romântico para dançar, como aprendemos com ele. De repente, olho para a pista e vejo o Gentleman dançando com uma mulher bonitona, bem mais alta do que ele.

Eu não tive nenhuma dúvida de que era ele, pois eu já o vira em espírito, só que agora estava materializado. Fiquei tão impressionada que pedi ao meu marido para tirar uma foto dele, mas quando revelamos o filme estavam todos na foto, menos o Gentleman e a mulher.

Mais tarde, só para mim, ele confirmou que, após ter nos acompanhado a viagem toda, fora lá para se exibir...

Vidas passadas

Ainda não me referi às minhas vidas passadas. Não foi para mim a satisfação de uma mera curiosidade. Elas me trouxeram a explicação e, em alguns casos, a cura para problemas que me afligiam.

Sabemos que a regressão a vidas passadas, por meio da hipnose, há muito vem sendo utilizada como terapia para determinados males.

No meu caso, foi a mediunidade que me revelou, por meio de sonhos e visões, as minhas vidas passadas.

Recordo-me melhor, e com mais detalhes, da minha vida anterior a esta. Foi aquela na qual um soldado nazista atirou em mim e me matou, quando eu, com uns 10 anos, fugia correndo para não ser embarcada em um trem, sem minha mãe, para um destino desconhecido. Isso me aparecia no sonho, no pesadelo constante, do qual eu, pequenina, acordava assustada – e mais apavorada ficava ainda porque então me aparecia, em visão, o soldado que me pedia perdão, e eu lhe negava.

Muitos anos depois é que foi revelado para mim que se tratava de uma cena de minha vida passada. E aos poucos foi se ampliando a história dessa minha vida.

Quando eu já estava adulta e a minha mediunidade reapareceu, ela me trouxe inúmeros problemas existenciais. Não dormia bem, comecei a entrar em crise comigo e com o meu marido e a achar que a vida não valia mais a pena. Estava me deixando dominar pelo que chamam de obsessores. A angústia e a depressão eram tão grandes que comecei a pensar em formas de me suicidar. Foi quando ouvi uma voz forte e alta me dizer: "Você vai se suicidar novamente, como fez na vida passada?" Só isso. Fiquei chocada.

Quando fui deitar, antes de adormecer totalmente, semiconsciente, me vi pequena, morando em uma casa com um jardim muito grande. De repente, vi minha mãe, meu irmão (que não eram os da vida atual) e a empregada da casa.

Eu me vi chegando em casa, beijando minha mãe, acenando para os outros e subindo correndo para o sótão, porque lá era o meu quarto. Um quarto de teto rebaixado, com papel de parede florido, em tons de rosa e branco, cortina branca na janela. Lembro dos cheiros do meu lençol, da minha cama, do calor e do aconchego do meu quarto e do que ele representava para mim.

Depois dessa cena, vi essa mesma menina que era eu, fugindo para não entrar no trem e o soldado alemão gritando "Pare, pare" e eu continuar fugindo até ele atirar e eu morrer. Essa morte fora considerada suicídio, porque eu sabia que se eu corresse o soldado atiraria.

Ainda vi mais: eu, de fora da cena, me olhava caída no chão, a chuva escorrendo pelo meu rosto, menininha morta lá embaixo e o meu espírito olhando de cima. Depois me encontrava em um local que parecia uma fazenda, com uma sede grande, onde viviam umas senhoras que me pareceram freiras, pois usavam uma roupa branca e na cabeça um tipo de chapéu muito grande, parecido com o da "Noviça Voadora". Era um sanatório ou uma clínica, e essas senhoras se encarregavam dos tratamentos. Fui tratada por elas.

Fiquei em um quarto grande com muitas outras crianças. Eu tinha o coração apertado, queria chorar. Todas as crianças tinham o mesmo aperto no coração. Não vi essa cena uma vez só, foram várias vezes.

Enquanto estávamos nesse local, éramos levados diariamente a um campo que ficava ao sopé de uma montanha. A terra era vermelha de um tom incrivelmente forte. Essas senhoras nos pediam para cantar enquanto estávamos caminhando ou plantando. Tínhamos de cantar para não chorar. Eu me lembro da música, eu me lembro das vozes de todas nós, engasgadas de tristeza e de saudade. Acho que é por isso que até hoje sinto dificuldade em ouvir música. No fundo do meu coração, no fundo da minha alma, a música me deixa muito triste, representa a falta da minha família, significa a minha morte.

Embora essa minha passagem tenha significado suicídio, percebi que recebera perdão porque eu era uma criança: mesmo imaginando que se o soldado atirasse eu morreria, não poderia ter consciência de que isso pudesse representar suicídio. Mas eu, de certa forma, interrompera a minha vida. Eles me trataram, e me disseram que eu reencarnaria logo porque não cumprira meu trajeto, interrompendo-o. Então, entendi que nesta vida não deveria repetir o erro, não poderia ficar em dívida com o meu passado.

Imediatamente mudei a vibração do meu pensamento. Percebi que essa era a minha chance, uma nova chance que me era dada e que eu deveria agarrá-la com força. Assim, comecei a me refazer interiormente. Minha tristeza foi desaparecendo e passei a reformular a minha vida. Hoje me considero uma pessoa feliz.

Recordar as vidas passadas sempre teve para mim um motivo especial. Essa lembrança me impediu de cometer um grande erro.

Lembro-me de muitos outros detalhes que os sonhos e visões me trouxeram dessa mesma vida.

Uma vez me vi criança de uns 4 anos, indo para a escola, minha mãe me levando pela mão. Estava muito frio, tinha neve no chão. Eu estava fantasiada de coelhinho, porque havia festa na escola. Outras crianças iam chegando, todas fantasiadas, e me lembro da minha alegria. Essa recordação é muito forte, sinto-a com tal intensidade, tudo está tão dentro de mim que, de tão presente, poderia confundir com a infância de minha vida atual.

O nome de minha mãe era Lisa. Não é a Lisa, aquela entidade que se manifestou para mim como a discípula do Baruch. Não, essa Lisa que foi minha mãe tinha aparecido para mim algumas vezes quando eu era pequena. Eu lhe perguntava: "Você quem é?" E ela respondia: "Um dia você vai saber".

Nessa época, eu sabia que tinha uma bisavó que também se chamava Lisa e que morrera quando eu era criança ainda. Pedi ao meu pai que me mostrasse uma foto dela e verifiquei que não era a mesma que aparecia para mim. Na primeira vez que se apresentou depois disso, perguntei-lhe se ela tinha sido minha parente nesta vida, e ela só me disse, novamente: "Um dia você vai saber".

Ela era magrinha, cabelo grisalho, olhos claros. Usava uma corrente prateada, com um pingente em forma de coração estilizado, com uma ágata incrustada nele.

A empregada era uma senhora gorda que ajudara a me criar. Nunca vi meu pai nem soube como ele era, mas vi um meu irmão. Ele se chamava Isaac, e era muito mais velho do que eu, uns vinte anos.

Quando tivemos aqui em casa aquelas reuniões espíritas com a Zita e o marido, o Isaac se manifestou e contou quem era. Foi cientista e durante a Segunda Guerra trabalhou para os alemães e depois para os americanos, quando conseguiu fugir e se mudou para os Estados Unidos. Não sei bem se fugiu ou se foi capturado, mas sei que tinha uma grande mágoa por ter participado do desenvolvimento de armas de guerra. Ele morreu com aproximadamente 60 anos.

Dois anos depois de começar a freqüentar o centro espírita, tive uma experiência de desprendimento espiritual que me levou a compreender o que ocorrera comigo na Espanha, alguns anos antes.

No centro, sentávamos sempre as mesmas pessoas à mesa de trabalhos. Na minha frente sentava-se um rapaz, e me impressionava ver ao lado dele, várias vezes, uma entidade: um frade, com capuz cobrindo-lhe o rosto, trazendo nas mãos uma foice enorme, com a qual pretendia agredir o rapaz.

Além dessa vidência, comecei a incorporar, nesses trabalhos, outros religiosos, espíritos obsessores. Então percebi que o frade que eu via junto ao rapaz e os que eu recebia, na realidade, eram obsessores de nós dois. Eram frades da época da Inquisição e vinham muito bravos, bravíssimos. O nosso grupo de mentores os encaminhava, já que as sessões se destinavam especialmente a esse trabalho de encaminhamento dos espíritos sofredores e perdidos.

Falei com o dirigente do centro, comentando que o rapaz deveria ter sido muito mau na outra vida para que o frade quisesse degolá-lo, e que eu tinha a certeza de que ele, também, fora um religioso em alguma vida passada. Sentia ainda que eu também tinha algum envolvimento nisso, embora não soubesse como.

O comentário dele me surpreendeu: "Todos nós desta mesa vivemos nessa mesma época e todos fomos padres".

Meses depois, concentrada no centro, tive um desprendimento e me vi como outra pessoa, um frade, vestida com aquelas roupas, e ao meu lado o rapaz do centro, também como frade. Nós dois lado a lado. Eu era um homem!

Eu nos vi, então, andando por uma rua enlameada, que tinha um cheiro fétido. Estava escurecendo. Caminhávamos em direção a uma igreja. Quando entramos, senti uma grande alegria, era como se tivesse chegado a meu lar: aquecia o meu coração.

A igreja estava escura, apenas uma leve claridade se infiltrava através dos vitrais e algumas poucas tochas pregadas na parede estavam acesas. Uma umidade fria nos chegava aos ossos.

Passamos depois para um refeitório, onde nos sentamos a uma mesa comprida, juntos aos outros religiosos. Na mesa havia vinho, e a refeição era servida em pratos metálicos muito simples.

Senti-me chocada, envergonhada mesmo, porque vi que eu pertencia a essa comunidade de frades da época da Inquisição, na Espanha, que tanta maldade e erros havia cometido. Eu também devia ter sido horrível como eles.

Só então fui compreender o que me acontecera na viagem à Espanha. Foi naquela época em que eu ainda não tivera as explicações dos fenômenos que ocorriam comigo, naquele período em que tantas coisas estranhas e apavorantes me aconteciam.

Da Espanha pretendíamos ir a Marrocos, mas eu fiquei muito doente: uma noite me senti mal, tive enjôos, vomitei, fiquei, inexplicavelmente, com marcas roxas no corpo. À noite comecei a ter visões, via muitos padres no quarto, achei que estava delirando com a febre muito alta. Tivemos de cancelar o resto da viagem e voltar para o Brasil.

No avião, comecei a passar muito mal, não conseguia respirar, era como se alguém me sufocasse. Rezei, rezei, rezei muito.

Comecei a ter calafrios; peguei um cobertor para me cobrir e continuei rezando. Quando balancei o cobertor, vi se desprenderem dele inúmeras estrelinhas, em um tom azul arroxeado. Elas apareciam e desapareciam, pareciam mágicas. Não sei o que era, mas imediatamente me senti bem: foi como se tirassem com as mãos todo o meu sofrimento.

Só pude encontrar a explicação para o que acontecera comigo depois que tive aquela revelação de minha vida passada como frade: eu captara no local onde vivera outrora as energias estagnadas dos horrores daquela época. Explicava-se até a visão que eu tinha quase diariamente, daquele frade que me aparecia no quarto apontando para mim como que me acusando de algo. Eu deveria ter feito algo de ruim para ele, só que em outra vida, e ele continuava, ainda nesta, a me acusar.

Assim, a vivência dessa vida passada me fez compreender problemas e situações até então inexplicáveis para mim.

No centro, com muita ajuda dos médiuns e espíritos, pude fazer esses obsessores compreenderem que a Ilana que fora má teve a chance de viver de novo, de aprender, de se redimir, de se modificar, e fazê-los entender que a eles também poderia ser dada a mesma chance. Esse é o trabalho que podemos realizar com esses espíritos infelizes, obsessores que trazemos de vidas passadas, ao longo de nosso processo evolutivo.

Tenho a impressão de que foi essa vida, como religioso da igreja católica, que explica a ligação que tive na infância com aquela vizinha católica, a satisfação de freqüentar a igreja com ela, e a minha sintonia com os santos, o que não se justifica sendo eu judia. Quando vou à igreja me sinto em casa, sei rezar, é um inexplicável sentimento muito forte dentro de mim.

O interessante de uma visão de vida passada é que não se tem a menor dúvida sobre a veracidade do que se vê. Não tive nunca a impressão de que não era eu. Sempre me reconheci, me senti aquela figura que se revelava como eu. E mais: posso nesta vida encontrar em mim traços daqueles seres que um dia fui.

Reconheço-me um pouco na indiana, pequena, delicada, tipo *mignon*. Sou alta, tenho 1,75m, mas acho lindo mulher pequena, sempre senti que tenho um espírito *mignon*, que eu estava no corpo errado.

Na Índia, lá por 1100 ou 1200, eu era uma moça pequenina, miudinha, pele morena, cabelo liso, olhos negros, uma indiana muito bonita. Era considerada uma mulher lindíssima, e era muito orgulhosa e superficial, devia ter uns 14 anos e era casada. Tive esta visão, pela primeira vez, em vigília, no meu quarto.

Eu era casada com Sanjai, filho de um marajá muito rico. Vivíamos futilmente entre jóias, ouro.

Eu saía em um palanquim dourado, com incrustações de pedras preciosas, que era carregado por servos. Muito vaidosa, levava um espelho para me olhar constantemente e me pentear.

Muitas cenas me chocaram nessa visão, porque me via naquele palanquim luxuoso passando no meio de um povo paupérrimo, gente sem ter o que comer, uma carência imensa e eu lá dentro, coberta de jóias, me olhando faceira no espelho e penteando aquele cabelo preto maravilhoso, sem ligar a mínima para o que se passava lá fora.

Vi o palácio onde vivia, um palácio cor-de-rosa. No andar inferior, havia uma escada ao fundo, que dava para um rio, onde mulheres estavam lavando roupa. Nesse rio nos banhávamos para nos purificar com suas águas sagradas. Não sei se esse rio era o Ganges.

Devido à umidade causada pela proximidade do rio, todo o andar de onde descia a escada cheirava a mofo. Lembro-me bem do cheiro.

O outro filho do marajá, que seria seu sucessor, meu cunhado, era um jovem arrogante e de poucas palavras. Sei que ele é hoje o meu filho Daniel.

Tive a revelação dessa vida passada em vários sonhos ou em desprendimentos em vigílias, quando se acrescentavam detalhes. Em um deles, vi Sanjai me agarrando e dizendo: "Jura, jura que você sempre vai me amar, jura que você vai me amar e jamais vai me esquecer, jura." E me lembro de que eu não respondia, e ele gritava: "Fala meu nome, fala meu nome: Sanjai, Sanjai", aí acordei falando "Sanjai, Sanjai, Sanjai". Nesse momento, ouvi uma voz forte dizer-me que o Sanjai é, na minha vida de agora, um parente próximo.

Nessa vida na Índia, a família riquíssima a que pertenci não tinha nenhum tipo de preocupação social. Sei que todos nós morremos em batalha. Não sei se foi o povo que se revoltou ou se foram os marajás que lutaram entre si. Eu tinha um irmão que lutou e morreu nessa guerra. Ele – eu sei porque vi – é a Zita hoje. A minha sogra era minha ama-de-leite, foi uma mãe para mim. Nesta vida, logo que nos conhecemos a empatia foi recíproca e ela sempre me ajudou muito, como uma verdadeira mãe.

Meu marido me pergunta: "E eu, quem era?" Minha filha também me pergunta: "E eu?" Não sei. Só tomo conhecimento do que me é revelado espontaneamente, jamais perguntei ou procurei saber.

Lembro-me de que nessa guerra, na Índia, as mulheres que estavam no palácio foram aprisionadas. Eu e algumas delas fomos enroladas e amarradas em um saco de estopa. Jogaram-nos em um rio, com uma pedra. Morri afogada. Tenho muito medo de água, não gosto de andar de barco, embora tenha aprendido a nadar, e jamais deixo a água passar da minha cintura. Acredito que ficamos marcados com coisas do passado.

Com relação ao meu filho Daniel, foi impressionante o que aconteceu. Eu tinha a revelação de que o meu filho fora o irmão do Sanjai e também morrera naquela guerra, como todos nós.

Nesta vida, o Daniel, com uns 5 anos, começou a sofrer de enxaqueca, uma enxaqueca violenta. Surgia de repente: ele dizia que estava com a cabeça explodindo, tinha vômitos em jato, gritava que estava morrendo. Era horrível. Consultamos um médico, fizemos tratamento e nada adiantou. Ficávamos apavorados quando percebíamos que ele ia ter a crise.

Isso já ocorria há uns três anos, quando ouvi falar de um médium que fazia curas milagrosas em um centro, onde se realizavam cirurgias espirituais. Fomos lá.

Ele foi operado espiritualmente, e eu também, de um problema que tinha no maxilar. As operações foram espirituais, mas tivemos a sensação de picadas de injeção e de pequenas incisões. Saímos com cicatrizes que desapareceram no dia seguinte. O médium não tocava em nós. Após a cirurgia fizemos o repouso recomendado e ficamos curados.

Depois, durante uma concentração no centro que eu freqüentava, tive de novo a visão do Daniel em sua vida anterior na Índia, participando da luta, fazendo parte de um exército, um grupo grande.

Eu o vi sobre um elefante, atravessando um vale estreito, entre duas montanhas. Eles foram levados a esse lugar por traição, pois ficaram encurralados, atacados pelos dois lados, e de cima da montanha jogavam pedras enormes sobre eles. Vi quando uma pedra atingiu a cabeça dele e ele morreu.

Eu vi a cena perfeitamente e, no caminho de volta do centro para casa, vim comentando isso com o meu marido. Quando chegamos, às 11h30 da noite, ao abrir a porta demos com o Daniel, que já deveria estar dormindo àquela hora, pois tinha de se levantar às 6 h para ir à escola. Mas ele estava nos esperando, aflito: "Mãe, eu tive um pesadelo, sonhei que era uma outra pessoa, andando com um montão de gente, com animais, entre duas montanhas, e me jogaram pedras, e uma delas esmagou a minha cabeça".

Percebi, então, que eu e ele, na mesma hora, tivéramos a mesma visão que comprovava que esta era a razão de suas enxaquecas. A morte fora tão violenta que afetara o espírito dele a ponto de atingir a energia de seu corpo nesta vida. Por isso a cirurgia espírita é que foi a adequada e o curou definitivamente: nunca mais Daniel teve enxaqueca.

Em outras circunstâncias, as curas podem ocorrer ao tomarmos conhecimento do que nos aconteceu em vidas passadas, pois nos conscientizamos e nos libertamos, como se exorcizássemos o mal.

Tenho uma última lembrança de uma vida passada que desejo relatar. São pinceladas, mas esclarecem uma situação.

Sei que nessa vida eu morava na Europa, em um lugar frio, escuro, cercado por muros, com uma porta de saída muito grande. Dentro ficavam as casas, todas geminadas, umas coladas às outras. Não sei se eram guetos ou *pogroms*; tenho a impressão de que era na Rússia ou na Polônia.

Eu era judia, de uma família ortodoxa muito religiosa.

Tenho algumas lembranças da minha casa. Lembro de um *shabat*, com minha mãe, meu pai, os dois já velhos. Para meu espanto, reconheci nele o senhor, o velho judeu que aparecia no meu quarto por muito tempo, e que sempre falava comigo.

Descobri que ele me acompanhava porque tinha sido meu pai naquela vida. Ele deve ter me acompanhado sempre, e devia achar que me ajudava, não sabia que me prejudicava, que estava agindo como um obsessor.

Os espíritos que ficam sempre junto de nós por muito tempo muitas vezes nos prejudicam, consomem nossas energias e nem percebem isso.

Eu tinha sido filha dele, era uma moça feia, horrorosa, tanto que ninguém me aceitara em casamento. Naquela época os enlaces eram acertados pelos pais; eu, além de feia, era pobre – e acabei então morrendo solteira.

Em uma das vezes em que apareceu no meu quarto, ele me disse que gostava muito de mim porque eu não o abandonara, cuidando dele na velhice até sua morte. Ele sentia então que devia me seguir sempre, para me ajudar.

Eu o chamava de Alter-it. Isso porque, na ocasião em que eu o via sempre, minha sogra, ao saber, quis me ajudar e um dia, ao se concentrar, foi tomada por ele, que se comunicou em ídiche. Estávamos presentes meu marido, meu sogro e eu. Meu sogro lhe perguntou quem ele era. A resposta: "Eu sou um velho judeu" – que em ídiche é *alter-it*. Então sempre o chamamos de "Alter-it".

Quando percebeu que estava me prejudicando, nunca mais apareceu. Entendeu a situação: por meio do meu aprendizado também foi aprendendo, pois ficava comigo. Antes de desaparecer, me disse que moralmente se sentia devedor da minha dedicação e que, como eu ficara solteira, ele sentia que ao morrer me abandonara sozinha. Por isso desde pequenininha o via no quarto e pensava que ele era Deus.

Essas visões de vidas passadas me ocorreram sempre quando eu precisava saber, em momentos adequados para o meu crescimento espiritual. Ficou claro para mim que eu as tive como um complemento à consolidação da minha fé: explicaram, ensinaram, elucidaram, foram necessárias. Acrescentaram-me maior compreensão da vida, deram-me mais uma dimensão da grandeza misteriosa de nossa existência.

Minha mãe e eu

Não tenho poderes, não evoco qualquer espírito a pedido de ninguém, só recebo meus mentores quando eles determinam, ou aqueles para os trabalhos específicos no centro espírita.

Ah, se eu tivesse esse poder, veria minha mãe, que desencarnou em 1970, pelo menos uma vez por semana ou uma vez por mês, ou quando estivesse em alguma dificuldade ou tivesse uma necessidade que precisasse de um conselho de mãe. Mas não a vejo quando quero, não tenho esse acesso, e nem peço também, porque cada um tem o seu tempo, o seu trabalho, no plano espiritual.

Poucas vezes eu a vi: a primeira vez que me lembro de tê-la visto foi naquele dia em que conheci a Zita. Ela não falou comigo, mas eu percebi a emoção dela e senti a mesma emoção. A segunda vez foi em um sonho: sonhei que estava sentada em um parque muito bonito, e que de repente minha mãe apareceu amparada por uma senhora. Falou comigo, com a voz um pouco rouca, dolorida, e me disse que ainda não estava boa, que estava se recuperando e que lhe doía muito a garganta. Quando ela morreu, estava ligada a aparelhos, entubada, sedada. Acho que os aparelhos a incomodaram tanto e de tal forma que ela morreu com a sensação de que aquilo continuava nela, e isso deve levar algum tempo para desaparecer.

Apresentou-me a moça que a acompanhava. Chamava-se Malvina, o mesmo nome da minha mãe. "Você vê? Aqui existem duas Malvinas", como se fosse uma coisa comum. Como eu poderia esquecer o nome da acompanhante dela? Nós nos abraçamos, foi um encontro muito emocionante, com muito sentimento, eu chorei, ela chorou, senti a sua pele, seu calor, senti o cheiro dela que nunca esqueci. Quando acordei, lembrei-me perfeitamente do sonho. Acredito que foi em um desprendimento que a encontrei.

Outra vez eu estava na praia, em Ubatuba, com o meu marido. Estava conversando com ele, quando senti a presença da minha mãe. Foi como se ela estivesse ali do meu lado e me desse um abraço; não a vi, mas a senti. E foi uma coisa rápida. Comentei com ele: "Minha mãe esteve aqui, ela me abraçou". Chorei, foi emocionante.

Mais uma vez eu a vi. Tive um desprendimento no centro espírita, quando estava me concentrando no meu trabalho: senti que meu espírito saiu, voou, foi embora, e foi parar em um parque, onde só haviam rosas, rosas enormes. Minha mãe era apaixonada por rosas e ela estava lá, andando entre as roseiras. Ainda me lembro do perfume! Ela me abraçou: "Você vê essas rosas? Olha que coisa mais linda". Eu nunca tinha visto nada igual, lembro que elas eram maravilhosas, era algo de outro mundo mesmo.

"Eu a chamei aqui porque preciso da sua ajuda, não é para mim, é para uma amiga", e citou o nome de uma colega de infância. "Você lembra dela? Você ainda era pequena quando eu perdi o contato com ela." Eu perguntei: "Aquela sua amiga de infância?" Ela respondeu: "É, ela mesma, você lembra?" Com a emoção, eu retornei do meu transe.

Voltando para casa, vim comentando com meu marido sobre essa amiga da minha mãe, e recordei: "Eu sei que ela esteve no enterro da mamãe, mas eu não tenho o telefone dela, não sei mais nada dessa amiga". Então ele me deu a idéia de perguntar a meu pai.

Foi o que fiz. Ele se lembrava dela, e me contou que quando ela e minha mãe eram mocinhas tinham tido muito contato, mas que depois de casadas as circunstâncias da vida as separaram. Lembrava-se também de que ela fora ao enterro de mamãe, e mais nada. "Você sabe pelo menos o sobrenome dela?" Quando eu perguntei isso e meu pai respondeu "não", eu ouvi perfeitamente uma voz me dizer o sobrenome e o disse ao meu pai. "É esse, sim", meu pai lembrou-se. "Como você sabe?"

"Eu ouvi, escutei aqui no meu ouvido." E tão perfeito, foi incrível. Consegui na lista o número do telefone e fiquei com receio de ligar, preocupada com a reação que poderia provocar, mas minha mãe me pedira e pedido de mãe tem de ser atendido.

Liguei, ela atendeu e eu lhe disse: "Aqui é Ilana, filha da Malvina, você se lembra dela?" "Ah, claro, a Malvina..." Aí eu lhe contei por que liguei: "Não vou mentir para você, estou cansada de esconder coisas que eu vejo e ouço. Estou freqüentando um centro espírita, e lá, concentrada, vi minha mãe, e ela me disse que queria que eu a ajudasse. Você está com algum problema?" Ela começou a chorar e me pediu que fosse à sua casa porque queria conversar comigo.

Quando cheguei, ela me abraçou emocionada. Trouxe-me depois o seu livro de recordações, aquele que as crianças do primário costumavam dar às coleguinhas, às amigas mais queridas, para que elas deixassem uma lembrança. Era costume escolherem uma poesia, um desenho, ou escreverem algumas palavras. Mostrou-me o livro dela, onde estava a recordação que minha mãe lhe deixara. Era uma poesia de criança, mas no final ela dizia: "Querida amiga, se algum dia você precisar de mim, eu sempre, a qualquer momento, a qualquer hora, estarei pronta a te ajudar", e não lembro se completava com "basta me chamar".

Minha mãe tinha sido uma pessoa muito importante na vida dela, muito querida, e era lembrada com muito carinho.

Essa senhora me contou que quando soube que estava doente, com uma doença degenerativa dos músculos, ficou desesperada. Como era católica, toda noite nas suas preces pedia a ajuda dos santos, mas pedia também o auxílio de minha mãe – por isso ficara tão impressionada com o meu telefonema. Chorou muito e eu chorei também.

Logo que cheguei e lhe disse que recebera a mensagem no centro espírita, ela me contou que era católica praticante, mas que seu marido também freqüentava um centro espírita. Conversamos muito tempo sobre isso. Para ela, eu tê-la procurado a pedido de minha mãe deu-lhe esperança, a certeza de que minha mãe ouvira a sua prece: "Eu ouvi e estou lhe ajudando da forma que é possível".

Existem doenças que ninguém pode curar. São doenças cármicas; precisamos passar por isso, mas só saber que minha mãe ouviu, saber que existe vida após a morte, que existe esse universo a que ainda não temos acesso, acho que foi um remédio, um conforto para o seu sofrimento.

O nosso encontro foi muito bonito, muito forte, me marcou profundamente – e acredito que a ela talvez mais do que a mim.

Para mim, as comunicações com minha mãe me mostraram que esses laços de amor não se destroem. Isso foi muito importante. Quando a vi, ela continuava sendo minha mãe adorada, a nossa ligação era a mesma, talvez até mais forte.

Eu não a vi mais, mas tenho certeza de que estamos afastadas apenas temporariamente. Um dia nos reencontraremos.

Um livro como missão

Minha espiritualidade se integra à minha vida, faz parte de minha natureza; não me sinto diferente ou especial – apenas me acho afortunada por conseguir sintonizar esse mundo invisível e ir aprendendo sempre.

Tenho a felicidade de usufruir da companhia, do auxílio e do conforto das entidades que me conduzem nesta caminhada de crescimento espiritual.

Freqüento o mesmo centro espírita há mais de vinte anos, para continuar a me desenvolver, a aprender, a manter a vibração em alta e, se possível, ajudar alguém com minha experiência.

Nunca senti a minha mediunidade como motivo de vaidade, pois ela faz parte da vida de todos nós.

Este é o meu testemunho pessoal: relatei exatamente o que acontece comigo.

Para mim, é uma certeza a existência desse mundo que me era desconhecido e com o qual de repente me defrontei. E no princípio, como descrevi, foi penoso, muito sofrido, angustiante, até assustador, e é justamente a quem está nessa fase inicial da caminhada que eu quero estender a mão, por intermédio deste relato de vida que termino de fazer.

Quero que estes não se debatam solitariamente com as angústias e dúvidas que os fenômenos provocam. Quero que saibam que existem outras pessoas, várias pessoas, com as quais aconteceram as mesmas coisas e que, desenvolvendo sua mediunidade, encontraram a serenidade, o equilíbrio interior.

Que o meu testemunho lhes traga essa certeza.

Christiana Carvalho

Ilana Skitnevsky nasceu em 1953, em São Paulo. É formada em Artes Plásticas pela Fundação Armando Álvares Penteado (Faap).

Durante quase vinte anos, dedicou-se a atividades empresariais com muito sucesso, aposentando-se para acompanhar o marido em constantes viagens ao exterior.

É pintora e ceramista e dá aulas de arte em uma creche. Sua mais nova paixão é a culinária, assunto que está estudando com muita dedicação enquanto pensa em novos projetos profissionais.